T0244856

LA LLAMADA DEL SILENCIO

CATERINA CIRIELLO DALLA LIBERA

La llamada del silencio

ALMUZARA

Editorial Almuzara • Espiritualdad

Editora: Ángeles López
Maquetación: Fernando de Miguel Fueyo

www.editorialalmuzara.com
pedidos@almuzaralibros.com - info@almuzaralibros.com

Editorial Almuzara
Parque Logístico de Córdoba. Ctra. Palma del Río, km 4
C/8, Nave L2, nº 3. 14005 - Córdoba

Imprime: Gráficas La Paz
ISBN: 978-84-10523-38-8
Depósito Legal: CO-1215-2024
Hecho e impreso en España – *Made and printed in Spain*

A mi madre, que nos enseñó el valor del silencio.

Índice

Paisaje del Lacio con una cueva, dos monjes y un monasterio al fondo, *(detalle)*
Giambattista Bassi, s, XIX.

Introducción

El turismo espiritual, con su énfasis en el silencio y la oración, representa una importante vía de búsqueda del alma y conexión con lo divino para muchas personas de todo el mundo. En este libro exploraremos el significado del turismo espiritual, la importancia del silencio y la oración en este contexto, los lugares sagrados y las prácticas espirituales asociadas, y los beneficios psicológicos y emocionales que pueden derivarse de estas experiencias. De hecho, el silencio y la oración son dos elementos claves de este tipo de turismo, ya que ofrecen una forma de tranquilizarnos y conectar con lo divino. El silencio nos permite entrar en contacto con nuestro mundo interior, escuchar nuestros pensamientos y abrir nuestra mente a la presencia de lo trascendente. La oración, por su parte, es un acto de comunicación con lo divino, que nos permite expresar gratitud, pedir guía y buscar consuelo. Juntos, el silencio y la oración crean un espacio sagrado en el que podemos reflexionar sobre el sentido de la vida y encontrar la paz interior. Las razones para embarcarse en

Luz del sol y sombra, *cuadro de de Albert Bierstadt (detalle, 1862).*

un viaje espiritual pueden variar de un individuo a otro y dependen de las necesidades personales, por lo que a veces uno prefiere hacerlo solo, otras veces se convierte en una experiencia de grupo y de compartir la fe que ayuda a muchas personas a crecer en solidaridad. Muchas personas se sienten atraídas por el turismo espiritual tras afrontar momentos de crisis o transición en sus vidas, mientras que a otras les mueve la curiosidad por explorar nuevas dimensiones de su espiritualidad

I

Turismo tradicional y turismo espiritual

El turismo y el turismo espiritual son dos formas de viajar, pero difieren principalmente en las motivaciones y los objetivos de los viajeros. El turismo tradicional se centra principalmente en la diversión, la relajación, la exploración de nuevas culturas, conocer una nueva realidad y experimentar lugares famosos. Este tipo de turismo puede incluir actividades como visitar lugares históricos, relajarse en la playa, hacer senderismo por la montaña o incluso ir de compras y disfrutar de la gastronomía para descubrir nuevos sabores. Es una forma de descansar de la rutina diaria.

El turismo espiritual se centra en la búsqueda del bienestar interior, el crecimiento personal y el desarrollo espiritual. Los viajeros espirituales buscan experiencias que puedan alimentar su alma, proporcionar inspiración y conectar con la espiritualidad o la religiosidad. Pero visitar lugares sagrados es también una forma de disfrutar de las muchas bellezas artísticas repartidas por el mundo, signo tangible de la experiencia espiritual y religiosa de

Peregrinos en la Meca, Arabia Saudita.

la humanidad a lo largo de los tiempos. Por eso cada vez más personas optan por hacer peregrinaciones a lugares sagrados, retiros espirituales, meditación, yoga, encuentros con maestros espirituales y participación en ceremonias religiosas o prácticas rituales. En todas las religiones existe la práctica de la peregrinación, a un lugar y con un propósito específicos; es un fenómeno universal no solo en el cristianismo, sino también en el budismo, el islam, el hinduismo y otras religiones. Quienes hacen turismo espiritual nunca lo hacen por casualidad, sino que eligen los lugares a los que van con mucho cuidado porque buscan un alimento para el alma, un encuentro con lo divino. Globalmente, este tipo de turismo mueve a millones de personas en todo el mundo, y no es necesariamente tan caro como las vacaciones tradicionales, sobre todo porque hay instalaciones religiosas de todo tipo que ofrecen hospitalidad a precios absolutamente asequibles. En resumen, mientras que el turismo tradicional se centra en la exploración externa del mundo,

Turista meditando en el templo de Borobudur, en Indonesia.

el turismo espiritual se centra en la exploración interna de uno mismo y la conexión con algo más grande. Ambos tienen su valor y pueden enriquecer la vida de los viajeros de diferentes maneras, ofreciendo experiencias únicas y significativas. En la actualidad, el turismo espiritual mundial está creciendo exponencialmente y la previsión para los próximos años es de un crecimiento aún más revolucionario, sobre todo con el aumento de jóvenes que desean vivir un tipo de experiencia diferente a lo habitual. Se habla mucho de los viajes silenciosos y parece que serán la tendencia de 2024. De hecho, también crece la demanda de viajes relajantes en los que escapar del ruido es la prioridad. Pero ¿cuáles son las razones de este crecimiento?

2

Las necesidades cambiantes de la sociedad contemporánea

En la sociedad actual se observa un marcado cambio en las necesidades humanas que expresa la evolución cultural, tecnológica y económica y, al mismo tiempo, pone de manifiesto una creciente adaptación a los retos globales. El hombre y la mujer del siglo XXI se enfrentan a retos absolutamente nuevos que no siempre son capaces de resistir, a veces por su propia falta de preparación, a veces por una dificultad psicofísica real que los hace sentirse inadecuados.

El proceso de globalización[1], un fenómeno que no es solo económico, sino que afecta a todos los ámbitos de la vida social, ha cambiado el destino del mundo, y mientras para unos «globalización» significa hacer lo que sea para ser felices, para otros la misma palabra es sinónimo de infelicidad. Todo es para todos —o casi todos— y las verdades se han relativizado: lo universal puede cambiarse, negarse, anularse. Nos enfrentamos a cambios

---

1   Cf. Z. Bauman, *Inside Globalisation. Las consecuencias para las personas*, 3.

de época que desestabilizan todas nuestras certezas: el amor, los afectos, las amistades, todo está marcado por la «liquidez», es decir, por lo provisional, por el cambio continuo; la vida líquida es una vida inestable vivida siempre con inseguridad, en la que el ser humano está siempre corriendo, siempre en movimiento para seguir el ritmo de los tiempos, y faltan los puntos de referencia tan importantes para la estabilidad de la persona.

También se ha producido un profundo cambio en el uso del espacio y del tiempo; muchas personas se desplazan, cambian de país, de costumbres, mejoran su condición socioeconómica, pero, al mismo tiempo, ese mismo movimiento migratorio que genera riqueza para unos pocos arroja a la pobreza a otros millones: así, si para unos la globalización significa libertad, para muchos otros es una realidad cruel y no deseada. La globalización, de hecho, corresponde a una disminución de la importancia del territorio como elemento de identificación de grupos y pueblos, un «colapso» de la geografía que involucra vastos sectores: ideas, formas de pensamiento, tradiciones políticas, religiosas y culturales se deslocalizan, cambiando la realidad cultural y aniquilando siglos de tradición.

Hace unos años se acuñó en Estados Unidos la expresión *melting pot*, olla donde todo se mezcla, para describir la amalgama de razas, culturas, tradiciones y formas de vida presentes en la sociedad estadounidense que la formaba. Esta forma de ser se denomina hoy «fusión», y prácticamente se ha extendido por casi todo el mundo. Nos hemos convertido en ciudadanos del mundo y nos desplazamos sin dificultad; la globalización ha hecho que lleguen a nuestras mesas alimentos de países que ni siquiera conocemos; en definitiva, cada uno de nosotros puede vivir como quiera, nutriéndose sin problemas de las múltiples culturas presentes ahora en nuestra sociedad. El movimiento caracteriza al ser humano; ninguno de nosotros ha nacido para quedarse quieto. Todos nos movemos, para ir a trabajar, para ir de compras, nos trasladamos de una ciudad a otra según nuestras necesidades; pero el progreso humano ha hecho que cualquiera pueda moverse sin desplazarse físicamente, simplemente sentándose frente a una pantalla a través de la cual podemos explorar el mundo entero, incluso los rincones más escondidos. Moverse, traspasar límites, llegar donde nadie se ha atrevido antes se han convertido en el imperativo de este mundo globalizado, así como producir sin descanso y consumir, pero no como hemos hecho siempre, consumir para vivir, no, nos hemos convertido en consumidores «en serie», casi incapaces de dejar de comprar, usar y tirar. Zygmund Bauman afirma que en la base del consumo no está el deseo de poseer, sino la necesidad de experimentar «excitaciones» nunca antes conocidas. Nuestra sociedad de consumo nos impone un estilo de vida casi sobrehumano que promete felicidad y satisfacción, pero que, al fin y al cabo, nos hace cada vez más dependientes de las cosas materiales.

En el fenómeno de la globalización, pues, hay aspectos indudablemente negativos que conciernen sobre todo a la persona humana en todos sus aspectos y cada vez más víctima de la explotación: en el trabajo y, desgraciadamente, en el tráfico de seres humanos para vender órganos o con fines sexuales. Ha aumentado considerablemente la degradación del medioambiente, especialmente el cambio climático: muchos estudiosos han señalado que la última década del siglo xx ha sido la más calurosa de todo el milenio; de hecho, la temperatura global es de +0,98 grados centígrados, y se espera que alcance +1,5 entre 2030 y 2050. También aumenta el riesgo de que crezcan las desigualdades sociales; cuando disminuyen los mecanismos de solidaridad estatal, crece la exclusión de un número considerable de personas de las prestaciones sociales. Y lo que es más importante: aumenta el poder de las multinacionales que destruyen la economía local. En resumen, estamos ante un individualismo imperante que debilita los vínculos humanos y empobrece la solidaridad. Sin embargo, una de las caras beneficiosas del fenómeno es el crecimiento de la velocidad de la comunicación.

Muchas cosas han cambiado en los últimos veinticinco o treinta años; el nacimiento en 1991 de la World Wide Web, es decir, internet, ha transformado literalmente nuestras vidas. Con el aumento de la conectividad global, la sociedad contemporánea se ha vuelto más consciente de sí misma y está más interconectada. El mercado de la conectividad ha crecido considerablemente en los últimos años, y ha cobrado fuerza desde la pandemia. Hoy en día, cada vez más sectores se adentran en el mundo de los negocios, que ahora es digital. Millones de datos, incluidos datos sensibles, viajan actualmente por internet, lo que permite a empresas y particulares interactuar mediante intercambios directos o a través de plataformas y servicios de apoyo.

Hasta hace unos años, para comunicarse con los demás, ya fueran amigos o seres queridos, pero también simples conocidos, había que escribir una carta, llamar por teléfono o simplemente quedar a tomar un café para charlar. Con el desarrollo de internet y la tecnología, hemos pasado rápidamente al correo electrónico, que envía nuestros mensajes a cualquier parte del mundo en tiempo real, a los teléfonos inteligentes, que nos siguen a todas partes y nos mantienen constantemente conectados con todo el mundo, y a las videollamadas realizadas desde la comodidad de nuestros hogares mientras tomamos un café con nuestro amigo, que ahora se ha convertido en «virtual». Muchos electrodomésticos se pueden poner en marcha a distancia: se puede programar el lavavajillas, la aspiradora, el encendido de las luces de casa, se puede interactuar con Alexa o Siri —aplicaciones descargables en el *smartphone*—, preguntar cualquier cosa y recibir respuestas inmediatas y completas. Tras la pandemia, también se ha impuesto el *smart working* (trabajo ágil), que permite a miles de millones de personas trabajar desde casa, aportando estabilidad a la economía mundial y con una flexibilidad que permite a los individuos equilibrar las necesidades profesionales y personales; es, de hecho, una solución óptima sobre todo para madres y padres que tienen que cuidar de sus hijos.

Incluso nuestra relación con el dinero ha cambiado. El dinero en efectivo está dejando paso cada vez más a las transacciones electrónicas con tarjeta de crédito, ahora disponibles en *smartphones* y *smartwatches* (relojes electrónicos). Y basta con conectarse a su banco en línea para realizar cualquier tipo de transacción y comprobar su crédito bancario. También está creciendo el uso de criptomonedas (moneda virtual) para la compraventa de bienes y servicios o intercambios de valor. Todo sucede en un instante: cientos de miles de millones pasan de un destinatario a otro en cuestión de segundos o, mejor dicho, de unos pocos «clics».

La forma de entretenimiento también ha cambiado; los cines y teatros siguen existiendo, pero se ven afectados por profundos cambios humanos y culturales. Es la tecnología la que ha cambiado la forma de entretenimiento y de estar juntos. Si hace años ir a ver una película era un elemento de agregación social, cultural y de entretenimiento —principalmente porque nos reuníamos, compartíamos emociones, sentimientos, todo lo que sacaba de nuestro interior—, hoy la mayoría de la gente compra lo que quiere en plataformas digitales, que le permiten ver la última película estrenada en la gran pantalla y otros contenidos creados específicamente para el público doméstico. Para facilitar el visionado, la reciente tecnología aplicada a las pantallas de televisión, que se han vuelto ultraplanas, con pantallas Oled, 3D, 4K, permite sumergirse en la realidad virtual con un visionado y una escucha aún mejores que en las salas de cine. El entretenimiento en línea también está creciendo: muchos siguen programas y redes sociales donde la gente aprende a bailar, cocinar, hacer manualidades o leer revistas especializadas, etc. También se habla mucho de *vlogging*. El *vlogging* consiste en hacer videoblogs en los que se puede hablar de cualquier cosa, pero sobre todo se pone en primer plano a uno mismo, su trabajo, su personalidad... En definitiva, es una forma creativa de difundir contenidos de todo tipo divirtiéndose.

En la raíz del cambio en la forma de pasar el tiempo y divertirse está también el factor económico, que impone necesariamente a las familias, y más a los jóvenes, un *presupuesto* mensual en el que, las más de las veces, los gastos han de dirigirse a lo necesario y no a lo superfluo.

El mundo de los medios de comunicación ha evolucionado, y las personas están más informadas y sensibilizadas con los problemas globales, lo que les permite participar activamente en causas humanitarias y apoyar iniciativas internacionales, desarrollando corrientes de empatía y solidaridad, y reflejando una comprensión más amplia de los retos a los que se enfrenta colectivamente la humanidad. Algunos Gobiernos han tomado iniciativas para promover la concienciación y la educación para la ciudadanía global, propuestas dirigidas especialmente a los jóvenes para que adquieran las competencias necesarias para promover un estilo de vida en el que tengan cabida la educación para la paz, el respeto a los derechos humanos y la valoración de todas las culturas, promoviendo un desarrollo sostenible que satisfaga no solo las necesidades de esta generación, sino también las de las generaciones futuras. Por lo tanto, una mayor atención a la economía para que no esté orientada únicamente al beneficio, sino a la producción de una calidad de vida cada vez mejor.

En nuestro mundo «informatizado», lo que ocurre al otro lado del mundo llega inmediatamente a nuestros hogares gracias a sofisticados enlaces por satélite, lo que provoca respuestas rápidas y eficaces. Ya estamos viviendo lo que M. McLuhan, teórico de la comunicación y filósofo canadiense, apodado «el precursor de la era telemática», denominó la «aldea global» en su libro de 1964; su gran concepto revolucionario para la época era que el mundo estaba cada vez más interconectado gracias a los rápidos avances de la tecnología de la comunicación, y que esto eliminaría las barreras del espacio y el tiempo porque la gente se comunicaría en tiempo real, independientemente de dónde se encontrara. No solo eso, sino que consideró el hecho de que los medios de comunicación de masas influirían en la psicología del individuo a la vez que «imprimirían» específicamente la cultura de las generaciones futuras.

Todo puede suceder —y, de hecho, sucede— en vídeo en directo: la vida, los acontecimientos alegres, la muerte; es el sentido dictado por las nuevas necesidades humanas que debe reflejar el ideal de este mundo globalizado: todo inmediatamente y en todas partes. Esta «tendencia» a querer las cosas inmediatamente y sin ningún esfuerzo es una característica de la sociedad moderna, que vive tan continuamente bajo presión; si queremos algo, lo compramos inmediatamente en Amazon y al día siguiente lo tenemos en la puerta de casa; descargamos un libro en el Kindle en un clic, lo mismo para un nuevo álbum de música y mucho más: solo necesitamos una tarjeta de crédito o las tarjetas de prepago que venden en los supermercados. En resumen, lo encontramos todo, o casi todo, en internet: la paciencia, de hecho, no está en venta y prácticamente la hemos perdido, trocada con todo y ahora.

Pero la gran novedad es una nueva realidad virtual: el metaverso. Término que se originó en el mundo ciberpunk en 1992, el metaverso es un gran mundo digital donde la gente puede conectarse para trabajar, jugar, reunirse y hacer muchas otras cosas. Microsoft Teams ya ofrece espacios inmersivos con Mesh, donde las reuniones pueden transformarse en 3D y cada participante tiene un avatar. Se trata, pues, de un lugar virtual donde se puede interactuar con los demás y con objetos digitales, casi como si fuera un mundo paralelo al nuestro, pero hecho en un ordenador. Uno puede visitar, por ejemplo, el Louvre, estando en Madrid. La tecnología, como la realidad virtual y aumentada, puede formar parte de este «metaverso», y ofrecer experiencias más inmersivas. En esencia, estamos ante una forma avanzada de conectar y experimentar cosas nuevas mediante el uso de la ciencia tecnológica.

Imagen de reunión virtual mediante Microsoft Mesh.

Un ejemplo nos viene de la película *Avatar* y su secuela. Pero el metaverso es también el mundo en el que cada uno de nosotros puede asumir la identidad o el género que desee y hacer lo que no puede hacer en el mundo real, para bien o para mal.

Y muy recientemente se ha hablado mucho —pero ya con resultados probados— de la IA (inteligencia artificial). Se trata de un campo de la informática que se ocupa de crear sistemas informáticos capaces de realizar tareas que normalmente requieren inteligencia humana. Se remonta a 1956, cuando se crearon los primeros ordenadores, pero entonces se denominaba «sistema inteligente». Estos sistemas están diseñados para aprender de experiencias pasadas, adaptarse a nuevas situaciones, realizar reconocimiento de patrones (*pattern*), lenguaje natural, resolución de problemas y toma de decisiones autónoma. En resumen, la IA intenta emular algunas de las capacidades

Una imagen de "Eternal Notre-Dame" VR experience, que permite a los visitantes sumergirse mediante la reslidad virtual en una visita inmersiva del edificio y su historia.

cognitivas humanas mediante el uso de algoritmos y modelos matemáticos. Hoy en día ya se crean robots que parecen humanos y reproducen acciones humanas, pero, afortunadamente, no son capaces de pensar. Y fue precisamente la IA la causa de una larga huelga de actores de Hollywood que protestaban contra el uso imprudente de la inteligencia artificial, con la que se reproducían sin permiso los rostros y las voces de muchos actores, con el consiguiente envilecimiento de la profesión.

Sin embargo, también existe la otra cara de la moneda. Las noticias falsas van en aumento. Representan un fenómeno importante en la era digital, ya que influyen en la forma de compartir y percibir la información. Se trata de noticias falsas o manipuladas que se difunden con la intención de engañar al público, y pueden propagarse rápidamente a través de las redes sociales y otras plataformas en línea, amplificando su impacto. Las tecnologías digitales permiten a cualquiera crear contenidos que pueden parecer creíbles, aunque no estén respaldados por fuentes fiables: por ejemplo, se pueden reproducir fotos o vídeos con rostros de personas ajenas a la historia que se cuenta. Esta facilidad de producción y difusión hace que al público le resulte más difícil distinguir entre noticias auténticas y falsas. Las consecuencias de las noticias falsas son importantes. Pueden influir en la opinión pública, orientar decisiones erróneas, contribuir a la difusión de desinformación y causar cierto impacto en los acontecimientos políticos, sociales y económicos. Y no solo eso, pueden minar la confianza en las instituciones y en los medios de comunicación dominantes. Así pues, estos cambios significativos, especialmente a nivel tecnológico, pueden ayudarnos y mejorar nuestras vidas, pero al mismo tiempo pueden causar todo tipo de problemas en diversas esferas, y llevar a la confusión.

3

El contraste con la tecnología moderna: escapar de la conexión constante

Esto no deja de tener consecuencias. Mientras que, por un lado, nuestra existencia fluye más suavemente gracias a las simplificaciones de la tecnología moderna, aportándonos ventajas que antes no conocíamos, por otro, nuestra calidad de vida, sobre todo relacional, se resiente.

Y así ocurre que, deambulando por las redes sociales, Facebook, Instagram, X, a menudo nos encontramos con publicaciones un tanto singulares, fotos de objetos fechados en el tiempo —años ochenta o noventa— y debajo una frase del tipo: «Si usabas esto, entonces eras realmente feliz». Afirmaciones como estas no pasan desapercibidas y nos hacen pensar que, evidentemente, el hombre y la mujer de este siglo han perdido la felicidad o, de hecho, nunca la han conocido. Y surge con urgencia una pregunta: ¿somos felices hoy? ¿Y qué es la felicidad? No es fácil definirla: para Einstein feliz es la persona que lleva una vida tranquila y modesta, para otros la capacidad de superar las dificultades, y desde un punto de vista psicológico la felicidad se define como una emoción pasajera que sentimos cuando estamos bien, o cuando conseguimos realizar nuestros proyectos, nuestras aspiraciones personales. El escritor C. Dickens escribió sobre la felicidad: «La felicidad es un regalo y el truco no es esperarla, sino alegrarse cuando llega». Las cosas materiales y el dinero, lo sabemos, no dan la felicidad, es solo una alegría momentánea, pero así es como funciona el mundo hoy en día: cuanto más posees, más feliz eres. Así que si la felicidad se mide por lo que no tuvimos ayer y por lo que lamentamos hoy, entonces no, no somos felices.

En la búsqueda constante de lo que necesitamos para sentirnos bien, para vivir realizados, en serenidad y durante el mayor tiempo posible, quizá, en algún momento, hemos perdido el norte de la moderación, exigiéndonos cada vez más a nosotros mismos y al mundo. Las publicaciones con referencias a años pasados nos reintroducen en la despreocupación de un tiempo que ya no existe y que no volverá, y nos incitan a mirar al futuro con incertidumbre, casi con cierto temor. El miedo es legítimo en el momento histórico en el que nos encontramos, marcado por la fiebre de nuevas conquistas y metas que antes se creían inalcanzables. Muchos logros humanos han supuesto un paso adelante para el futuro de la humanidad, pero ¿cuántos de ellos son realmente necesarios para nuestro bienestar? ¿Podemos vivir en paz en un mundo perpetuamente conectado?

La nuestra, de hecho, es una sociedad marcada por la conexión constante. Teléfonos, ordenadores, chats, redes sociales. Nuestras vidas están a la vista de todos; no hay momento de privacidad a pesar de que haya leyes que la protejan; somos «espiados» —en todos los espacios públicos hay ahora cámaras de seguridad que lo graban todo en tiempo real— y nos dejamos espiar libremente, porque cuanto más visibles somos, más contamos. Nuestras vidas se han convertido en un verdadero escenario en el que cada uno de nosotros, al levantarse por la mañana, se prepara para representar un papel, para meterse en un papel, uno que debe ser absolutamente visible para todos, necesario para la vida social y laboral. El imperativo es «aparecer», no importa cómo ni cuándo, sino ser «visible», especialmente en las redes sociales. Actualmente, el número de usuarios activos en las redes sociales supera los cinco mil millones, es decir, alrededor del 60 % de la población mundial, que es de más o menos ocho mil millones de personas. La red social más utilizada es Facebook, seguida de Instagram y después Tik Tok, que en 2022 fue más visitada que Google y que, actualmente, está en el origen de una auténtica crisis diplomática entre Estados Unidos y China por la posible cesión de datos de los usuarios al Gobierno chino. En estas plataformas digitales presentamos casi siempre y con mayor frecuencia una imagen de nosotros mismos ilusoria y distorsionada respecto a lo que es en realidad. En 1959, E. Goffman, sociólogo canadiense, afirmaba: «El hombre es un actor que interpreta en el transcurso de su vida cotidiana [...] ocultando su verdadera esencia». Hoy, en efecto, somos directores de una película en la que también somos actores, interpretando papeles que la mayoría de las veces no son realmente nuestros.

La realización de la persona humana hoy en día ya no se mide por la calidad humana y las relaciones, sino por los «me gusta» y los «seguidores» que uno tiene en los perfiles sociales. Cuantos más «me gusta», más gratificados nos sentimos, más somos el centro de atención.

Incluso la televisión nos ofrece programas en los que seguimos constantemente la vida de determinadas personas, que se prestan libremente a este circo mediático para ser famosas. Y estas personas, que siempre lucen ropa nueva, joyas, coches deportivos y exhiben sonrisas como si no tuvieran ningún problema en la vida, se convierten en los modelos que seguir, sobre todo para los jóvenes. En resumen, caminamos hacia un notable aplanamiento de la personalidad con la pérdida de la individualidad, un valor siempre preciado.

Siempre estamos localizables por teléfono: a menudo las llamadas que recibimos en la oficina se desvían directamente a nuestro número personal para que nuestros clientes se sientan seguidos. Nuestra vida transcurre con una oreja tenazmente pegada al *smartphone* y, sin darnos cuenta —o incluso descaradamente—, hacemos partícipes de nuestros asuntos, incluso íntimos, nuestro trabajo y mucho más a esas personas a las que, por ejemplo, les encantaría hacer un viaje en tren disfrutando tranquilamente del paisaje sin ser molestadas por un parloteo constante. Y, por absurdo que parezca, cuanto más nos adentramos en este mundo, más hambre tenemos de él, y pretendemos conocer al dedillo la vida de los demás, captar sus secretos, formar parte de ella casi con arrogancia, como algo que se nos debe por ser de la misma especie. Y no importa si reímos o sufrimos: hay que captarlo todo para satisfacer nuestra curiosidad, a veces excesiva.

Este es, de hecho, el gran problema de la tecnología: la adicción. Igual que existe la adicción al tabaco, a las drogas, al alcohol, hoy nos enfrentamos a una nueva forma de adicción: la de internet, que quizá sea una de

las más nocivas porque nos aísla del resto del mundo y a menudo también nos da una imagen distorsionada de la realidad. Se denomina «trastorno de adicción a internet» y se manifiesta a través de un uso intensivo y obsesivo de la red. Y, sobre todo a raíz de la pandemia, que ha afectado a todo el mundo, el fenómeno del *hikikomori* (quedarse fuera) —un millón de casos en Japón— se ha extendido ampliamente y ahora afecta a muchos adolescentes y jóvenes de entre catorce y treinta años también en Italia y Europa: jóvenes que prácticamente no salen de casa por un malestar de adaptación social y que en algún momento empiezan a depender de internet. Para los adolescentes en particular, la red es un mundo virtual lleno de riesgos: ciberacoso, acoso sexual en línea, apuestas y retos sociales (desafíos); estos últimos han adquirido una peligrosidad preocupante; de hecho, algunos desafíos pueden poner en peligro la vida de los adolescentes que los aceptan. Un estudio reciente demostró que el 5 % de los jóvenes

de catorce a veintiún años son moderadamente adictos a internet y el 0,8 % son seriamente adictos: redes sociales, juegos en línea, compras o sitios pornográficos (fuente: Save the Children).

Como decíamos, las relaciones personales han cambiado. Es mucho más fácil hablar por teléfono o videollamada gracias a aplicaciones como WhatsApp y a tarifas cada vez más baratas. Pero en la vida de pareja, asistimos a la presencia del «tercero en discordia»: el *smartphone*; es una especie de *ménage à trois* en el que quien dirige el juego o el «no diálogo» es la última foto colgada en las redes sociales o la nueva aplicación que se acaba de descargar. Incluso en los restaurantes o cafés, se observa con más frecuencia a personas sentadas a la mesa que, en lugar de conversar, pasan el tiempo en chats mientras esperan su comida. Pero aún más grave es el uso que le dan los niños porque, mientras por un lado la nueva tecnología los ayuda a estudiar, dándoles conocimientos que antes no podían adquirir, por otro lado cada vez les resulta más difícil desarrollar su imaginación, sus habilidades lúdicas y una socialidad que no esté ligada a la PlayStation y, por tanto, a los juegos *online*. Y por ello, no son raros los fenómenos de exclusión social debidos al uso o no uso de una determinada aplicación considerada de moda incluso entre los más jóvenes.

No es nada fácil seguir con un ritmo de vida en el que todo va deprisa y sin prestar atención a la persona como tal, con su necesidad de vivir una vida también espiritual, en la que se realicen actividades como leer, pasear, contemplar la naturaleza, conversar tranquilamente con los demás o simplemente estar en silencio. La lectura, en particular, es un momento de conocimiento y crecimiento interior que nos ayuda a ser mejores personas y a afrontar las cosas con un espíritu diferente. Según el test del descanso (pruebas cognitivas), la lectura es la actividad más relajante, millones de personas no se van de vacaciones sin llevarse un libro. Leer en la cama favorece más el sueño que ver la televisión o jugar con el móvil.

Toda esta combinación de factores nos lleva a no cuidarnos y es el origen de una crisis que da lugar a una especie de «lucha» interior entre el «tener que hacer» y el «querer ser», entre el caos del mundo y la llamada constante a la interioridad, al descanso del alma, no solo del cuerpo, que impulsa a muchas personas a «escapar» de una realidad que a la larga resulta opresiva.

4

La búsqueda de paz y tranquilidad: la necesidad de alejarse del caos

¿La enfermedad de este siglo? El estrés, que afecta a millones de personas en todo el mundo. El estrés es la respuesta que da nuestro organismo y nuestro sistema nervioso a las exigencias que le impone el entorno en el que vivimos. Puede ser una señal clara de situaciones difíciles y potencialmente peligrosas a las que hay que hacer frente y, por tanto, en este sentido puede tener un aspecto positivo. Pero si estas señales no se perciben, puede convertirse en una patología grave.

Las causas del estrés, como hemos visto, pueden ser muchas, pero sin duda la principal es el trabajo no solo por la carga física, sino también por la psicológica. Casi siempre tiene su origen en el exceso de horas de trabajo, la monotonía de las tareas, un lugar de trabajo inadecuado, pausas insuficientes, etc. El trabajo nos permite llevar una vida en la que podemos satisfacer todas nuestras necesidades, o casi todas, pero hoy en día se tiene en cierto modo la impresión de que se ha invertido la necesidad de trabajar para mantenerse a uno mismo y a su familia:

se podría decir que, en lugar de trabajar para vivir, ahora «vivimos para trabajar», y esto es inaceptable. Más allá de este exceso de trabajo, debido a la presión de la economía, el componente humano y relacional también desempeña un papel decisivo. De hecho, sucede a menudo que tienes compañeros con los que no te llevas bien, o jefes que exigen tu disponibilidad incluso fuera del trabajo, y por último, pero no por ello menos importante, el *mobbing*. El término *mobbing* (del inglés *to mob*, verbo que significa «atacar, agredir») entró en nuestro lenguaje hace algún tiempo e indica un conjunto de comportamientos agresivos y persecutorios que se producen en el trabajo, con el objetivo de golpear y marginar a la persona que es la víctima. Este fenómeno genera graves patologías físicas y psicológicas, y obliga a la persona a ausentarse del lugar de trabajo durante un tiempo incluso considerable, con las consiguientes consecuencias. Y si antaño la familia era considerada el lugar por excelencia de tranquilidad y descanso, hoy las cosas han cambiado considerablemente: estudios recientes, de hecho, han puesto de relieve que la familia también se ha convertido en una fuente de tensiones, y esto ocurre cuando hay que hacer frente a patrones de comportamiento que causan problemas en la esfera afectiva, o cuando los papeles se invierten, no son los que deberían ser, por ejemplo, padres que ya no ejercen su papel, sino que se hacen amigos de sus hijos; pero también los problemas de comunicación hacen que la relación familiar sea muy inestable y conflictiva. Así surgen problemas con los hijos, con la pareja, con los padres, con los hermanos. En realidad, sin embargo, estos malentendidos surgen más bien del hecho de que la familia ya no habla. Los miembros individuales se centran en la «comunicación digital», es decir, en estar constantemente conectados al teléfono móvil. Lo que falta, entonces, es la voluntad de dialogar, de intercambiar las noticias del día, de contarnos lo que nos ha pasado, bueno o malo, o simplemente de expresar sentimientos de afecto hacia el otro. Así nacen los silencios, el «mutismo» que a menudo enfada a los padres, que ya no son capaces de saber lo que hacen o piensan sus hijos; pero lo que es más preocupante es el silencio de los sentimientos: nos desacostumbramos a comunicar lo que vive en nuestros corazones, porque estamos atrapados en la «frialdad» de un mundo digital absolutamente preocupado por otras cosas. «El caso más común es el de un hijo que, en su habitación, conecta con un interlocutor de otro continente, mientras se queda completamente mudo ante su madre, que está en la cocina y que, si llama a la puerta, se da cuenta de que ni siquiera la percibe, tan fuerte es la implicación del hijo con el chico lejano con el que se entretiene»[2]. El pintor surrealista belga Paul Delvaux representa extraordinariamente con sus obras lo que le ocurre hoy a la humanidad: en sus cuadros aparecen mujeres hermosas, que miran sin ver, con la mirada perdida, incapaces de comunicarse, igual que les ocurre a muchos en el mundo actual.

Vivimos y existimos en una sociedad que hace de la productividad y el beneficio el credo de la humanidad. Los que no hacen nada o trabajan poco quedan excluidos de los mecanismos sociales en los que la posesión lo es todo. Pero casi nunca este estilo de vida aporta serenidad. Muy a menudo las personas se ven acosadas por el inexorable paso del tiempo y lo que deben o quisieran conseguir;

---

2   V. Andreoli, *La familia digital*, 41.

Espejos *(1966) litografía del pintor belga Paul Delvaux.*

se convierte en una verdadera patología, la «cronofobia». Del griego *chronos* (tiempo) y *phobos* (miedo), literalmente miedo a que el tiempo pase y no vuelva, lo que nos impide llegar a donde nos proponemos y no poder cumplir nuestros compromisos; pero también es miedo existencial, al paso del tiempo y miedo a envejecer. ¿Cómo combatirlo? Viviendo el presente conscientemente, sin angustiarse por el futuro, y con positividad aunque no siempre sea fácil.

Así, la vida se vuelve complicada, casi imposible, y no siempre es fácil encontrar una válvula de escape: por falta de medios, de tiempo o de lo que sea, pero sobre todo porque ya no prestamos atención a los demás; los amigos no nos escuchan, la mayoría de las veces porque ellos también están inmersos en diversos problemas; entonces a

mucha gente le ocurre encerrarse en sí misma y volverse introvertida, pero sin liberar el estrés, que se acumula peligrosamente. El desgaste de la vida moderna es algo que todos experimentamos y de lo que somos conscientes, aunque a veces no sepamos cómo afrontarlo, por miedo a chocar con algo más grande que nosotros mismos, o porque no disponemos de los medios adecuados o ni siquiera sabemos cómo encontrarlos.

Surge entonces para muchos la necesidad de alejarse del caos de la vida moderna para recuperar el equilibrio y la paz interior. Este deseo de separarse de la realidad en la que se vive puede manifestarse de muchas maneras: buscando lugares tranquilos en la naturaleza, practicando la meditación o distanciándose de la tecnología y los ritmos frenéticos. Pero llega un momento en que parece vital regenerarse, restablecer conexiones significativas con uno mismo, con los demás y con el entorno, redescubrir también ese sentido de autenticidad y sencillez que parece haberse perdido en el ajetreo cotidiano. El deseo de distanciarse del ajetreo de la vida actual no es más que el reflejo de una profunda necesidad humana: recuperar el equilibrio y la armonía necesarios para no perder el hilo de la propia existencia.

Hay varias razones por las que decidimos «desconectar» un poco. La sociedad contemporánea se caracteriza por un bombardeo constante de estímulos: desde las noticias que nos llegan constantemente a través de las redes sociales y los medios de comunicación hasta la publicidad machacona que nos empuja a desear y poseer cosas que no necesitamos y que a menudo no podemos pagar, pasando por las exigencias cada vez más apremiantes del trabajo y —como ya se ha mencionado— por la tecnología, que nos mantiene constantemente conectados y reactivos. Y muy a menudo, las noticias que oímos o vemos están llenas de violencia, de mensajes inadecuados o engañosos que generan efectos negativos, que también suscitan en nosotros miedo y abatimiento. Esta exposición incesante al ruido y la distracción puede provocar una sensación de sobrecarga mental y estrés.

Pero el deseo de alejarse del caos también puede derivar, como ya se ha dicho, de la búsqueda de sentido y autenticidad. Es un compromiso que, hoy en día, implica una exploración valiente y profunda de nuestras motivaciones, valores y nuestra relación con el mundo que nos rodea. En una época dominada por la tecnología y la superficialidad, la búsqueda de sentido exige un examen crítico de nuestras elecciones y ser conscientes de qué experiencias nos enriquecen verdaderamente. En algún momento tenemos que hacernos preguntas: ¿qué es realmente importante en nuestras vidas? ¿Por qué estamos dispuestos a correr riesgos, a jugárnosla? ¿Cuáles son nuestros valores? Los valores son aquellos principios en los que creemos como individuos y como comunidad, que surgen de nuestros deseos más profundos, nos guían y dirigen nuestras elecciones. Oscar Wilde dijo: «Hoy en día la gente conoce el precio de todo, pero no conoce el valor de nada». Se trata de una lógica muy presente en la sociedad actual, donde todo se monetiza, incluso los bienes que no son materiales. Todo está sometido a la ley del mercado, que es la ley del beneficio. Y esta es la mayor preocupación de la humanidad: enriquecerse con cosas que no importan, pero que nos dan una sensación pasajera de felicidad y plenitud. Y, sin embargo, hay valores que deben ser reconocidos y cultivados para no volvernos insensibles e inhumanos: valores humanos fundamentales como la vida, el amor, la justicia, la solidaridad, la familia, la equidad, la honestidad, la transparencia, la competencia, el entusiasmo, el humor, el respeto, la equidad, valores que hoy están desapareciendo, y dan paso a lo efímero y sin sentido y, por tanto, a contravalores que exaltan comportamientos absolutamente egoístas e individualistas.

La autenticidad, en cambio, se manifiesta en la expresión sincera de lo que somos, y supera las máscaras sociales y las expectativas externas. No es fácil mostrarse tal como uno es en un mundo en el que las máscaras son el icono de este tiempo, en el que todos fingen ser lo que no son para agradar a los demás y encajar en determinados contextos socioculturales y laborales, conformándose incluso con vivir relaciones falsas y superficiales. Wilkinson y

Pickett, médicos, escriben: «En las sociedades actuales, la preocupación por cómo nos ven y nos juzgan los demás —lo que los psicólogos llaman «amenaza socioevaluativa»— es una de las cargas más pesadas para la calidad de vida y la experiencia existencial en los países desarrollados ricos. Los costes son mensurables no solo en términos de estrés, ansiedad y depresión, sino también en términos de peor salud física, dependencia del alcohol y las drogas para mantener a raya la ansiedad, y pérdida de vida comunitaria que deja a muchas personas aisladas y solas»[3].

La máscara es una especie de filtro que ponemos entre nosotros y los demás, en parte para defendernos, en parte para engañarnos, pensando que somos lo que en realidad no somos, pero a la larga acaba condicionándonos y limitándonos. De hecho, la mayoría de las veces, construimos máscaras casi inconscientemente, separándonos de nuestro auténtico «yo», con sus emociones y aspiraciones, privándonos de la capacidad de aceptarnos tal y como somos.

La búsqueda de sentido, por tanto, puede conducir sin duda a una vida más plena y genuina, en la que nuestras acciones reflejen verdaderamente nuestros valores más profundos. Esta búsqueda lleva al individuo a darse cuenta de lo esenciales que son, para su calidad de vida, el desarrollo personal, la conciencia de sí mismo y de sus relaciones, la valoración de la experiencia individual y la apertura a nuevas perspectivas. De hecho, la sociedad moderna puede provocar en las personas desorientación, sensación de desconcierto e incluso una profunda

---

3   R. Wilkinson y K. Pickett, *El equilibrio del alma*, 20.

soledad, precisamente por la falta de relación consigo mismas, con los demás y con el mundo que las rodea. Y en respuesta a esta condición, muchos buscan momentos de silencio y reflexión para volver a conectar con sus valores, intereses y pasiones más profundos.

Pero la necesidad de desapego también puede estar motivada por la búsqueda del bienestar psicofísico. La exposición continua al estrés puede tener graves consecuencias para la salud mental y física, y provocar síntomas de ansiedad, depresión y fatiga crónica. Cada vez son más las personas que recurren a un psicoterapeuta o a la medicación para calmar la ansiedad y conciliar el sueño. Por tanto, crear espacios de tranquilidad y calma en la vida puede ser crucial para preservar el equilibrio y el bienestar.

Por último, no debemos olvidar que la naturaleza humana se siente intrínsecamente atraída por el orden

y la sencillez, pero sobre todo por la belleza. La belleza atrae y encanta a los seres humanos y genera sentimientos de alegría y felicidad, así como de melancolía y sufrimiento. Experimentar la belleza, la verdadera belleza, es un ejercicio que sana el alma y el corazón. Un teólogo italiano, Vito Mancuso, ha escrito que «buscar y apreciar la belleza es la vía privilegiada para experimentar el sentido profundo que la vida encierra y que puede revelar a quien se hace digno de ella»[4]. ¿Cómo descubrir la belleza que se esconde en nuestras vidas, en las personas, en la realidad que nos rodea? Thích Nhất Hạnh, uno de los mayores exponentes de la tradición zen, escribió en su libro *El don del silencio*: «La condición esencial para que podamos escuchar la llamada de la belleza y responder a ella es el silencio. Si no tenemos silencio en nuestro interior —si nuestra mente, nuestro cuerpo, está lleno de ruido—,

---

4   V. Mancuso, *El camino de la belleza*, 11.

no podemos oír esa llamada»[5]. Encontrar momentos de quietud y serenidad puede, pues, permitir a las personas sumergirse en experiencias que vigoricen los sentidos y alimenten el espíritu, y reconectarlas con la belleza y la armonía del mundo natural en particular. La naturaleza, en efecto, «es la primera fuente de belleza», en ella todo fascina, todo es bello, nada puede descartarse ni ignorarse; los paisajes montañosos y marinos penetran en el alma, comunican paz, el sol calienta y da vida, el cielo nos regala siempre espléndidos amaneceres y magníficos atardeceres ante los que no podemos sino inclinarnos y reconocer nuestra pequeñez. En el silencio de la naturaleza, cada ser redescubre su auténtica dimensión de criatura y descubre que aún es posible vivir en armonía consigo mismo y con toda la creación. Santa Hildegarda de Bingen fue una monja benedictina que escribió importantes

---

5   Thích Nhất Hạnh, *El don del silencio*, 9.

Ilustración del folio 38r de la obra Liber divinorum operum *(Libro de las obras divinas, 1163-1173) de Hildegarda de Bingen. Biblioteca Statale di Lucca.*

obras médicas y científicas y es la patrona de los herbolarios. Curó a sus monjas con hierbas y las sumergió en el verdor de la naturaleza. Todo el pensamiento de Santa Hildegarda se basa en el concepto de *viriditas*, que en latín significa color verde, pero también la fuerza de la vida (vis, fuerza); de hecho, la *viriditas* «energía verde» es energía vital que se transmite; Hildegarda escribió: «El alma es la fuerza verde del cuerpo; el alma trabaja por medio del cuerpo y el cuerpo por medio del alma; esta es toda la herencia del hombre». Para Hildegarda, las plantas verdes que brotan representan el equilibrio de la salud física y espiritual, capaz de curar a los seres humanos.

La necesidad de alejarse del caos es, por tanto, una respuesta natural y necesaria a los retos y tensiones de la vida moderna, una búsqueda de equilibrio, sentido y bienestar sin la cual sería imposible seguir viviendo como personas mentalmente sanas. Los momentos de paz interior y serenidad son fundamentales para restablecer una relación armoniosa con uno mismo y con el mundo que nos rodea, y al mismo tiempo nos ayudan a construir otros tantos momentos de serenidad para transmitir a los demás.

San Bruno de Colonia, fundador de la orden religiosa contemplativa de los Cartujos. detalle del retablo de la Cartuja de Porta Coeli, Francisco Ribalta, c. 1625.

5
La soledad y el silencio como fuentes de autorreflexión e introspección

¿Qué es la soledad? La soledad es una condición y un sentimiento humanos en los que el individuo se aísla por propia elección, pero también debido a acontecimientos vitales personales y accidentales. A menudo optamos por estar solos, a pesar de saber que somos «animales sociales», llamados, es decir, a la comunión, a compartir la vida, los sentimientos y el amor. La soledad, por tanto, no es un estado humano «habitual», debería ser ocasional, momentánea, solo durante breves periodos. Sin embargo, muchas personas viven solas. Esta es también una condición de nuestro tiempo, que cada vez lo es más. Vivimos solos por las razones más variadas: nos gusta estar solos, vivimos en un piso de una habitación y no hay sitio para otra persona, nuestras relaciones sentimentales nunca funcionan bien y es mejor estar solos, tener una familia es económicamente caro, así que renunciamos. Pero también hay otro factor que nos impulsa a estar solos: la desconfianza. Durante la pandemia, la opinión generalizada era que el sentimiento de solidaridad universal que estábamos experimentando nos haría mejores personas, capaces de afrontar la vida y las relaciones con los demás de otra manera: ¡qué gran disparate! La pandemia, por desgracia, generó en nosotros el germen de la sospecha, en cada persona que encontrábamos veíamos un posible enemigo para nuestra seguridad, un *untore*, y lo alejábamos, le dábamos la espalda. Es una constatación absolutamente cierta y dolorosa. Hoy en día es muy difícil que alguien te eche una mano si estás en dificultades, nadie se preocupa si estás enfermo, cada uno va a lo suyo como en la parábola del «buen samaritano», como podemos ver a menudo en las noticias o en las redes sociales. Todo esto produce solo y únicamente soledad. «La falta de confianza y la inseguridad generalizadas han alcanzado niveles que las convierten quizá en las limitaciones más importantes para la felicidad y la calidad de vida en muchas sociedades prósperas»[6]. No se trata de hundirse en el pesimismo, sino de darse cuenta de que nuestra sociedad ha cambiado en muchos aspectos, hemos cambiado hábitos, formas de pensar, hay más libertad de elección, menos normas, mucho individualismo y las reglas sociales del pasado, de la tradición, se viven como un obstáculo injustificado para la realización de nuestros deseos y proyectos.

En inglés, el término *solitude* tiene dos significados diferentes: por un lado, está la «soledad», es decir, ese momento de recogimiento e intimidad deseado y buscado; por otro, está la «soledad», es decir, el aislamiento, en el sentido negativo del término. La soledad «sufrida», es decir, impuesta de algún modo por personas o circunstancias, es peligrosa: siempre es sinónimo de algo casi patológico; la soledad interior, de hecho, nos hace pensar

---

6   R. Wilkinson y K. Pickett, *El equilibrio del alma*, 19.

que estamos solos aunque estemos rodeados de mucha gente. Y es esta última la que genera, en muchos casos, relaciones superficiales que no ayudan a sentirse comprendido y, a veces, incluso aislamiento social. Antonio Spadaro da una definición singular pero significativa de lo que significa estar solo hoy: «El concepto clave ya no es "presencia" en la red, sino "conexión": si estás presente pero no conectado, estás solo»[7].

La soledad, por tanto, es también una condición mental que puede ser constructiva, si se gestiona bien, o incluso conducir a estados depresivos, sobre todo cuando son la falta de relaciones humanas o acontecimientos trágicos lo que nos hace sentir solos. Es importante, pues, encontrar un equilibrio saludable entre los momentos de soledad y la interacción social, ya que ambos son cruciales para el bienestar emocional y psicológico.

Cuando nos vemos obligados a estar solos, solemos elegir sonidos o ruidos que nos hagan compañía y amortigüen la soledad. Si miramos un poco a nuestro alrededor, descubriremos a mucha gente paseando con auriculares para escuchar música. Es una forma de hacer las cosas que afecta sobre todo a los jóvenes, pero no solo. David Le Breton, sociólogo y antropólogo, escribió que «el ruido es un ejercicio de poder sobre el otro» y que «la música de fondo es un arma eficaz contra cierta fobia al silencio: destila un bálsamo sonoro insistente, aísla las conversaciones individuales, envuelve los ensueños, confina a cada uno en un espacio propio, revelándose como el equivalente fónico de las pantallas que delimitan el espacio de una reunión,

---

7   A. Spadaro, *Ciberteología. Pensar el cristianismo en los tiempos de la red*, 32.

creando intimidad por el ocultamiento así producido en torno a uno mismo»[8].

Cuando fijamos nuestra atención en algo, dejamos de pensar, nuestro cerebro rumia como una vaca, y esto nos ayuda a descansar la mente. Sofia May llama a la rumiación «pensamientos basura» o «parloteo de nuestros pensamientos», y escribe: «¿Cómo puedo detener mi mente? es la pregunta sin sentido de la civilización occidental»[9]. Pensar es la mayor capacidad humana, pero a veces también puede ser la más problemática cuando nos dejamos arrastrar por la vorágine de pensamientos absurdos. Por eso, muy a menudo anhelamos el ruido como telón de fondo de nuestros días.

Max Picard, médico y filósofo, escribió: «El silencio es hoy el único fenómeno "sin utilidad". No conviene al mundo actual, que es el mundo de lo útil, no tiene nada en común con este mundo, parece desprovisto de toda finalidad, no se presta a la explotación. El mundo de lo útil se ha anexionado todos los demás grandes fenómenos»[10]. Entonces: ¿es inútil el silencio? Si así fuera, muchos huirían de él, pero hoy ocurre lo contrario. Y, de hecho, la soledad y el silencio pueden considerarse una valiosa fuente de autorreflexión e introspección. Cuando uno está solo, tiene la oportunidad de mirar dentro de sí mismo más seriamente, sin distracciones externas, explorando en profundidad sus pensamientos, emociones y deseos, logrando así una mayor conciencia de sí mismo, comprensión de sus necesidades y crecimiento personal que de otro modo no existirían.

8   D. Le Breton, *Sobre el silencio. Escapar al ruido del mundo*, 9.
9   S. May, *Deja de pensar demasiado*, 71.
10   M. Picard, *El mundo del silencio*, 10.

Mujer en la ventana (1818/1822), cuadro de Caspar David Friedrich.

¿La soledad y el silencio dan miedo? Sí, ciertamente, porque a través de ellos podemos penetrar en las profundidades de nuestra alma y ver sus partes más ocultas, escuchar el grito que surge de las mil dificultades de la existencia y de los pequeños o grandes miedos que descubrimos en nuestro interior. Es fundamental, por tanto, encontrar momentos en nuestra vida para dedicarlos a la soledad y al silencio: son importantes para aprender a estar con nosotros mismos sin miedo y para percibir la belleza de este encuentro con nuestro yo más profundo. Desde la Antigüedad, el silencio siempre se ha valorado como un tesoro precioso. Pitágoras, el famoso filósofo y matemático griego, exhortaba a sus discípulos al silencio, diciéndoles: «Callad: el silencio está lleno de cosas bellas». Del mismo modo, Sócrates enseñaba a sus alumnos lo importante que era el silencio, como requisito previo para la escucha y el autodescubrimiento. En Oriente, el silencio tiene un gran valor simbólico, está estrechamente ligado a la soledad y se considera una verdadera disciplina del espíritu, fundamental para guiarnos de la mejor manera hacia la búsqueda del bien y de la verdad.

Pero ¿puede definirse el silencio? ¿Se puede decir qué es? En realidad no se puede definir: el término, del latín *silere* o «estar en silencio, no hacer ruido», no es solo la ausencia de bullicio, voces, sonidos, sino que, psicológicamente, significa ser capaz de frenar la actividad mental para salir de un ritmo de vida absolutamente ajetreado.

No es fácil estar solo y en silencio. No es fácil acallar el ruido que vive en nuestro interior, esa agitación existencial típica del hombre que se enfrenta constantemente consigo mismo, al que la mayoría de las veces le cuesta aceptarse y aceptar sus límites, que tiene miedo, que choca con el vacío y el sinsentido de una vida marcada por valores la mayoría de las veces irreconciliables con los nuestros. Se ha señalado que una persona que se queda sola durante unos minutos en una habitación se siente inmediatamente incómoda. Pascal afirmaba hace siglos: «He comprendido que toda la desdicha de los hombres se debe a una sola cosa, la de no saber permanecer en reposo en una habitación»[11].

---

11   B. Pascal, *Pensamientos*, 205.

La persona humana es dinámica e inquieta por naturaleza y su infelicidad proviene precisamente de eso: de no saber estar a solas consigo misma. Pero ¿es realmente tan difícil estar solo y en silencio? Hoy en día, lo que prevalece es básicamente la «cultura del ruido», una especie de «analgésico» capaz de «anestesiar» nuestras vidas, que ya están desbordadas de voces, ruidos de guerra y confusión generada por las prisas por hacer. El ruido no ayuda, no construye relaciones porque todo el mundo grita para hacerse oír y perdemos la delicadeza y profundidad inherentes a la comunicación verbal y entonces caemos en la «cháchara», donde todo el mundo lo dice todo y más, y los discursos se pierden en la falta de sentido, como en las peores salas de televisión. Estamos martilleados por un sinfín de estímulos, por palabras vacías, retóricas, «falsamente morales», rodeados de gente que intenta convencernos de hacer esto o aquello, cada vez más acosados por las redes sociales donde el pan de cada día es disparar tonterías y atacar a los que no piensan como nosotros. Sócrates le dijo a Crichton: «Sabes muy bien que hablar incorrectamente no solo es indecoroso en sí mismo, sino que además hiere las almas»; hablar incorrectamente es una espada que corta cualquier posibilidad de relación porque crea heridas que muchas veces son emocionalmente irremediables, pero también es cierto que quien usa mal las palabras sin entender siquiera su significado hace rápidamente el ridículo. Así que, en determinadas circunstancias, el silencio sería un *must*... El silencio ya no es una virtud. A los que no dicen nada se les acusa de ignorancia, de incapacidad. Pero lo cierto es que ya no somos capaces de callar. Sin embargo, ¡el silencio es tan importante! Habría que educar a la gente para que aprecie el silencio, haría falta una verdadera pedagogía del silencio para redescubrir su sentido, devolver el valor a la reflexión, calmar el razonamiento y enriquecernos en humanidad, luchando con resistencia contra la dictadura del ruido. Pero ¿cómo? «Para invitar al silencio al banquete de la vida, en realidad, hace falta muy poco: medio segundo de atención, oídos que despierten y escuchen, el vuelo de un pájaro en el cielo o cualquier otra aparición lo bastante espontánea como para suscitar asombro»[12].

Pablo d'Ors, maestro en el conocimiento de este «silencio oscuro y luminoso», relata su experiencia en su libro *Biografía del silencio* y dice: «Comprobé que quedarse en silencio con uno mismo es mucho más difícil de lo que, antes de intentarlo, había sospechado... Al principio todo me parecía más importante que meditar; pero ha llegado el momento en que sentarme y no hacer otra cosa que estar en contacto conmigo mismo, presente a mi presente, me parece lo más importante de todo. Porque normalmente vivimos dispersos, es decir, fuera de nosotros»[13]. Sin embargo, continúa el autor, «es en la nada donde el ser brilla en todo su esplendor»[14]. El silencio nos ayuda a desarrollar nuestra capacidad de escucha no solo de lo que nos rodea, sino sobre todo de los demás: en una sociedad en la que las personas cierran los oídos para no escuchar, «a menudo acaban siendo agresivas unas con otras» (papa Francisco); el silencio, por tanto, está en la base de la auténtica comunicación.

---

12 K. Tannier, *La cura del silencio*, 9.
13 P. d'Ors, *Biografía del silencio*, 9.13.
14 *Ibid*, 30.

Un hecho es cierto: solo en la soledad y el silencio podemos encontrarnos, al principio ciertamente con fatiga y miedo, pero luego felices de haber emprendido un viaje absolutamente fascinante que es la cura de los muchos males del alma. Vito Mancuso ha dicho que el silencio «no guía a tener pensamientos, sino a estar pensando» y continúa: «¿Qué se obtiene entonces estando en silencio? Mi respuesta es que se obtienen sobre todo dos cosas: una purificación de la mente y una purificación del pensamiento que procede a una visión más madura de nosotros mismos y del mundo»[15]. La soledad y el silencio nos facilitan la apreciación de nosotros mismos, de nuestra vida, de las cosas que hacemos; nos ayudan a estar «presentes a nosotros mismos», conscientes de nuestra humanidad y de nuestra profunda conexión con todo el universo. Muchos lo descubrieron hace siglos, pero hoy sigue siendo un tesoro precioso para todos.

Para ayudar a las personas a redescubrir el valor del silencio, pero también para que dispongan de un oasis de paz, se crearon las «salas de silencio». La primera fue inaugurada en 1954 por el entonces secretario de la ONU, Dag Hammarskjöld, que quiso crear la primera «sala de meditación» para empleados en la sede de la ONU en Nueva York. Desde entonces han aparecido salas de silencio por todo el mundo: aeropuertos, hoteles, universidades, hospitales, incluso en parques urbanos. Son lugares abiertos a todas las confesiones religiosas donde la gente puede quedarse a meditar, rezar, estar sola un momento; su utilidad se ha notado especialmente en los hospitales, lugares donde el sufrimiento es palpable

---

15   V. Mancuso, *La necesidad de pensar*, 157.

La sala de meditación en la sede de Naciones Unidas, contiene una pintura al fresco del artista sueco Bo Bescow y una losa de 6,5 toneladas de mineral de hierro.

y la gente a menudo necesita un momento de soledad para despedirse de sus seres queridos. Realmente son el invento «perfecto» para estos tiempos caóticos, aunque nacieran en el siglo pasado, y esto nos dice que el deseo de paz y silencio siempre ha estado presente en la vida del ser humano de todos los tiempos. Muchos han hablado del silencio: santos, místicos, ascetas, pero los verdaderos maestros del silencio fueron los Padres del Desierto, que, ya en el siglo IV d. C., «convirtieron el silencio en cultura». San Arsenio el Grande decía que el silencio era indispensable si se quería alcanzar la madurez humana; Agatón de Egipto, monje cristiano egipcio, es recordado por su gesto ascético: mantuvo piedras en la boca durante tres años para aprender el arte del silencio. Así pues, el silencio es un arte que se puede aprender, con un poco de esfuerzo y lentamente. Amber Hatch, en su libro *El arte del silencio*, señala tres maneras de introducir cada vez más momentos de silencio en nuestra vida: en primer lugar, intentar silenciar el entorno en el que nos encontramos y hacer las cosas con mucha calma; cultivar relaciones pacíficas: es importante dirigirse a los demás con tranquilidad, con serenidad; fomentar el silencio interior, que se convertirá en nuestro lugar de refugio en todas las circunstancias de la vida. El silencio, pues, no será una utopía y puede ayudarnos a recuperar la paz y el equilibrio.

Turista vagando por un callejón de Segovia, en el entorno de la catedral.

6

La búsqueda de la autenticidad: lugares que ofrecen un sentido de la historia y las raíces

El diccionario bajo el epígrafe «autenticidad» dice: «Condición de lo auténtico, verdadero, real; originalidad, genuinidad, franqueza; existencia en la que el individuo encuentra su yo más profundo»; la etimología de la palabra se recupera del latín *authènticus*, y del griego *authentikós*, de *authéntes*, «que se hace por sí mismo», compuesto de *autós*, «yo».

La autenticidad, por tanto, es una forma de ser que se refiere a la «coherencia» que existe entre nuestros valores, nuestras creencias más profundas —las que se originan en nuestro «yo» auténtico— y nuestras acciones. Es importante subrayar que la coherencia no es un indicio de estatismo o intransigencia en las propias posiciones, sino más bien la capacidad de experimentar y considerar puntos de vista, ideas, perspectivas y compararlos con los que sentimos como propios. En un mundo tan inestable, absolutamente material y supertecnológico, donde las «falsificaciones» están a la orden del día (mentiras, máscaras, falsificaciones varias), todos queremos de alguna manera esforzarnos por ser auténticos, y al mismo tiempo buscamos la sinceridad y la claridad, pero también la verdad y la autenticidad. A menudo esta búsqueda parece una quimera porque damos a la autenticidad un valor absoluto, casi ideal, mientras que la realidad nos presenta, las más de las veces, algo muy distinto.

Cuando pensamos en alguien como «auténtico», sin duda imaginamos a una persona franca, limpia, libre de prejuicios, con una personalidad bien definida, fiel a sus ideales; una persona auténtica puede expresar lo que siente sin miedo a ser juzgada, no se deja influenciar fácilmente porque reconoce sus valores y es fiel a ellos, en toda circunstancia y no los canjea por nada, también es capaz de cuestionarse continuamente sin perder el sentido de sí misma. Heidegger define «auténtica» a la persona que persigue su ser «singular», «único», capaz de creatividad, prefiriéndola a las falsas seguridades y a una vida superficial de hábitos banales y vacíos. Hoy nos preguntamos cada vez más qué debemos hacer para dar sentido a nuestra existencia, sentimos la necesidad de comprender realmente quiénes somos y descubrir cuál es nuestro lugar en el mundo.

En este sentido, el vínculo con el pasado, las raíces culturales y religiosas, y los lugares de origen representa la autenticidad por excelencia, algo permanentemente presente, vivo en una imagen fotográfica de hace muchos años, pero también en un sabor redescubierto, en los objetos, en los olores característicos de un lugar o de algo que retrotrae nuestra memoria al pasado, a sensaciones que experimentamos antes y que deseamos revivir con la misma fuerza con que las experimentamos en el pasado. La búsqueda de la autenticidad, por tanto, es un deseo profundo que impulsa a muchas personas a buscar lugares cargados de historia y raíces.

Muchos de estos lugares actúan como puentes temporales, conectando el presente con el pasado y ofreciendo un sentido tangible de continuidad cultural. Porque aunque el ser humano se proyecta incesantemente hacia el futuro en todas sus aspiraciones y en las cosas que hace, necesita un vínculo con el pasado, con su propio pasado personal, porque solo en sus orígenes puede saber quién es realmente. Los legados del pasado son testimonios preciosos que nos permiten comprender de dónde venimos, quiénes somos y hacia dónde vamos. Y su cuidado, necesidad humana ineludible, se ha convertido en el signo de una fe común en la riqueza simbólica de lugares y objetos, obras de arte y monumentos, que da lugar a verdaderas liturgias de reevocación, ocasiones en las que se alimenta la memoria colectiva para prevenir el riesgo de olvido. Cuidar estos legados no es solo un deber ético y cultural, sino también una inversión de futuro. Son muy variados: obras artísticas, objetos, documentos históricos, yacimientos arqueológicos y tradiciones culturales. El cuidado de los legados del pasado conlleva una serie de beneficios que van más allá de la mera conservación del patrimonio histórico y cultural. Estos beneficios se manifiestan a nivel individual, comunitario y global, y contribuyen al crecimiento cultural, al enriquecimiento personal y a la construcción de una sociedad más consciente e integradora.

Las ciudades antiguas, con sus calles empedradas y sus monumentos centenarios, son testimonios vivos de épocas pasadas. Caminar por calles antiguas y entrar en casas donde todo ha permanecido igual, como si el tiempo se hubiera detenido, proporcionan una experiencia humanamente profunda que permite a los visitantes percibir el legado dejado por generaciones anteriores. De hecho, la materialidad del pasado se encarna a menudo en lugares de memoria y arquitectura histórica. Cada pequeño rincón cuenta historias silenciosas de encuentros e intercambios, de amor y dolor, y se convierte en un escenario donde se revela la historia, la historia de una generación, de todo un pueblo o incluso y solo la historia personal. Monumentos, castillos e iglesias son testigos cambiantes del paso de los años: su existencia ofrece una perspectiva tangible de la majestuosidad y los desafíos de épocas pasadas. Explorar estos lugares no es solo una cuestión de admiración estética, sino que implica involucrarse personalmente en una experiencia que despierta los sentidos y nos conecta directamente con la historia. Los detalles arquitectónicos, los objetos antiguos y las obras de arte se convierten en lenguajes a través de los cuales el pasado se comunica con el presente y lo enriquece de significado.

Los pueblos rurales, por ejemplo, anclados en tradiciones agrícolas y artesanales transmitidas de padres a hijos, son otros lugares que destilan una fuerte vocación de autenticidad. La conservación de prácticas ancestrales, desde el cultivo de la tierra hasta la producción de artesanía, ayuda a mantener intactos los vínculos con las raíces culturales que, por desgracia, en muchos casos se están extinguiendo. Las tradiciones culturales, transmitidas a través de rituales, fiestas y ceremonias, son esenciales para entender quiénes somos. De hecho, cada tradición tiene una historia intrínseca que se entrelaza con la evolución de una comunidad o de una familia individual a lo largo del tiempo. Explorar estas costumbres significa

Turistas en las ruinas del monasterio de Disibodenberg, donde Santa Hildegarda de Bingen pasó 40 años de su vida. Foto: turismo de la región del Nahe, Alemania (naheland.net).

sumergirse en las raíces profundas de una cultura, comprender los valores esenciales que la guían. Los intercambios culturales, ya sea a través de las rutas comerciales o de las migraciones, han conformado de manera significativa las identidades culturales. La fusión de elementos procedentes de lugares distantes es un fenómeno que ha generado riqueza y diversidad, pero también conflictos y tensiones. A través del análisis de dichos intercambios, podemos captar la esencia dinámica de la cultura y cómo ha evolucionado a lo largo del tiempo. La ciudad de Alcúdia, en la isla de Mallorca, es precisamente un ejemplo de lugar donde se pueden encontrar elementos típicos que hablan de las diferentes civilizaciones que han pasado por ese territorio. Pueblo medieval a un paso del mar, tiene un centro histórico caracterizado por calles estrechas y singulares; los castillos, las murallas, las casas con ventanas renacentistas, las dos puertas, la del Moll y la de Mallorca, son testimonio de un pasado que aún habla al corazón de las personas. Y hay al menos quince pueblos considerados los más bonitos de España.

Los yacimientos arqueológicos, que revelan capas de civilizaciones pasadas, son también tesoros de autenticidad. Las excavaciones ofrecen una ventana a la vida cotidiana de las comunidades antiguas, y permiten a los visitantes sumergirse en los matices de épocas lejanas. Los arqueólogos, con sus pacientes excavaciones, desvelan capas de civilizaciones pasadas, y construyen pacientemente el mosaico de la humanidad al abrir ventanas a la vida cotidiana de quienes nos precedieron. Explorar estos lugares es un viaje en el tiempo, donde fragmentos de vasijas antiguas, inscripciones y restos humanos cuentan historias de amor, guerra, comercio y supervivencia. De hecho, el pasado humano es un complejo entramado de conquistas y derrotas, crecimiento y decadencia que han hecho más o menos grandes a las civilizaciones pasadas. Los arqueólogos trabajan incansablemente para recuperar piezas de este rompecabezas, lo que nos ayuda a comprender mejor nuestra historia común. Cada descubrimiento ofrece nuevas perspectivas sobre nuestra evolución como especie y las innumerables sociedades que han contribuido a dar forma a nuestro mundo actual. La ciudad de Segovia, por ejemplo, conserva un inmenso acueducto romano, perfectamente intacto, que se asemeja a una imponente columnata formada por cientos de arcos que se extienden sobre la ciudad. Su construcción se remonta a la segunda mitad del siglo I d. C. y los primeros años del siglo II. Tanto el acueducto como la ciudad

Turistas visitando la ciudad romana de Pol·lèntia, en Alcúdia, Mallorca.
(Foto: alcudiamallorca.com).

de Segovia son Patrimonio Mundial de la Unesco desde 1985.

Las comunidades indígenas, con sus tradiciones transmitidas oralmente, representan una reserva de autenticidad. Al participar en sus ceremonias y compartir sus historias, uno puede experimentar un profundo sentido de conexión con sus raíces culturales más profundas. Llevan consigo una gran riqueza de tradiciones orales, transmitidas de generación en generación sin la mediación de documentos escritos. Estas historias hablan de su profunda conexión con la tierra, madre de todo ser humano y animal, de prácticas espirituales y sagas que narran el origen y la supervivencia de la comunidad. La oralidad, aunque aparentemente frágil en la era digital, es una poderosa forma de transmisión cultural. Las lenguas, canciones e historias transmitidas oralmente constituyen un patrimonio que vincula a generaciones y ofrece una perspectiva sin filtros de la historia de una comunidad. Participar en estas narraciones ofrece una oportunidad única de conectar directamente con la esencia de la cultura de muchos pueblos y civilizaciones en peligro de desaparición.

La búsqueda de autenticidad ha propiciado la aparición y el desarrollo del llamado «turismo de raíces», un sector casi desconocido de la actividad turística, pero que cuenta con un gran número de personas, aunque estadísticamente aún no se conozca la magnitud del fenómeno. El turismo de raíces, a menudo denominado también turismo genealógico o turismo cultural, es una forma de viaje que implica la búsqueda y exploración de los propios orígenes, tradiciones y patrimonio cultural. Este tipo de turismo está ganando popularidad porque ofrece a los viajeros la oportunidad de conectar con sus raíces, descubrir su historia familiar y sumergirse en las tradiciones y la cultura de sus antepasados. No tiene una denominación precisa, también se conoce como «turismo de origen o de retorno» y en algunos países se denomina turismo ancestral o genealógico.

Los viajeros buscan de algún modo su patrimonio identitario perteneciendo a un lugar distinto de aquel en el que residen, restableciendo un vínculo con su historia familiar. Estos viajes de regreso a los lugares de origen son especialmente importantes para los emigrantes, ya que constituyen un momento esencial en el descubrimiento de la propia identidad individual y familiar. Esta forma de turismo se ha visto influida por la creciente disponibilidad de recursos en línea y archivos históricos que facilitan la investigación genealógica y el rastreo de las

Imagen del teatro romano y la ladera oeste del cerro de la Alcazaba, en Málaga, de la web de «Andalucía, tus raíces», (andalucia.org).

propias raíces familiares. Con los años, se ha hecho cada vez más accesible, gracias al crecimiento de servicios especializados, viajes organizados y plataformas digitales que ayudan a los viajeros a planificar y ejecutar viajes personalizados, pero también gracias a la aparición de una serie de asociaciones que simplifican la investigación genealógica. El turismo de raíces se distingue por su carácter íntimo y personal, que sitúa al individuo en el centro de la experiencia del viaje. Comienza con una búsqueda genealógica: se trata de un paso fundamental en este tipo de turismo, ya que permite a los viajeros rastrear sus orígenes, identificar los lugares de procedencia de sus antepasados y descubrir historias familiares que de otro modo permanecerían desconocidas. Una vez identificados los lugares de origen, comienza el viaje en el que las personas visitan ciudades, pueblos y regiones vinculados a su historia familiar, exploran los lugares que marcaron la vida de sus antepasados y descubren las tradiciones y la cultura locales. Muy a menudo, el turismo de raíces ofrece la oportunidad de conocer a parientes lejanos, interactuar con la comunidad local y compartir experiencias e historias de vida, creando vínculos importantes y duraderos con las personas, pero también con los lugares que pasan a formar parte del patrimonio emocional de cada uno.

Se trata de un fenómeno que concierne especialmente a Italia, donde el Ministerio de Asuntos Exteriores ha decidido apoyarlo con diversas iniciativas, pero también a otras naciones dentro y fuera de Europa. En España, en concreto, tres profesores de la Facultad de Ciencias Económicas y Empresariales de la UMA han comenzado a estudiar el fenómeno. ¿Por qué se opta por este tipo de turismo? La respuesta es la misma que en otros países: ir a un lugar con el que se tiene una relación familiar, un vínculo nacido de familiares que nacieron y vivieron allí años antes, incluso antepasados. La región de Andalucía, con el fin de poner en valor su pasado de cara al futuro, a través del lema «Andalucía, tus raíces», propone «las rutas de turismo de raíces, que se nutren de sentimientos y lazos familiares e históricos que unen regiones, países y culturas». A través de los consejos de los expertos, se ofrece la oportunidad de redescubrir, por ejemplo, las raíces de la presencia judía en esa región, con un recorrido por lugares característicos donde se funden tradiciones y leyendas, donde la música y la artesanía aún conservan fielmente la huella ancestral de ese pueblo. Todo cuidadosamente diseñado para dar, especialmente a las familias, la oportunidad de adentrarse en aquellas zonas importantes para la memoria personal y familiar, y redescubrir así sus raíces.

La búsqueda de autenticidad a través de lugares que encierran historia y raíces responde a la necesidad humana de comprender quiénes somos a través del prisma del pasado. El turismo de raíces representa una forma auténtica y significativa de viajar que va más allá de la mera visita turística. Es un viaje que nos lleva por las diversas vetas de la historia, los matices culturales y las pruebas tangibles del pasado que persisten en lugares, tradiciones y relatos transmitidos de generación en generación. Este viaje hacia la comprensión de quiénes somos a través del redescubrimiento del pasado es, en última instancia, un viaje personal. Cada uno de nosotros es un nudo inextricable de influencias históricas, culturales y personales. El pasado, con sus lecciones y testimonios, se convierte en una brújula que nos guía para navegar por el presente. La memoria individual, entrelazada con la memoria colectiva, configura nuestra percepción del mundo. Al ser conscientes de nuestro pasado personal y colectivo, podemos tomar decisiones más informadas sobre nuestro futuro. Comprender quiénes somos a través de la mirada al pasado no es solo un acto de reflexión, sino un catalizador para la continua evolución de nuestra identidad. Así pues, visitar estos lugares ofrece una valiosa oportunidad para la reflexión, la conexión y el agradecimiento por el viaje que hemos realizado hasta el momento presente.

Interior de la mezquita Azul o mezquita del Sultán Ahmed, en Estambul, Turquía.

7

*El poder de los lugares sagrados:
cómo influyen en la mente
y el espíritu*

Los lugares sagrados ejercen un impacto significativo en la mente y el espíritu de las personas a través de elementos como la sacralidad deliberadamente atribuida, el simbolismo, el ritual y la conexión con la divinidad. Estos lugares suelen servir como focos de espiritualidad y ofrecen un entorno propicio para la contemplación, la meditación, la oración y el sentido de comunidad. Su influencia puede contribuir sin duda a las experiencias trascendentales, y fomentar la paz interior y la conexión con lo sagrado y lo divino. Hay lugares sagrados en el mundo donde la espiritualidad es tan fuerte que pueden tener un impacto increíble en las personas. Son lugares de tal belleza —templos, iglesias, mezquitas— y llenos de misticismo que dejan sin aliento a quienes los visitan.

Pero ¿qué es lo «sagrado»? El concepto de «sagrado» está intrínsecamente ligado a la dimensión espiritual y sobrenatural de la vida. Sagrado es una palabra indoeuropea que hemos traducido como «separado», y se refiere al poder que los hombres de todos los tiempos han percibido fuera de sí mismos e identificado como algo preponderante sobre ellos, y por tanto situado en un trasfondo «diferente» al que han dado el nombre de «sagrado», y que entonces han llamado «divino». Rudolf Otto, teólogo y filósofo luterano, en su libro *Lo santo. Lo racional y lo irracional en la idea de Dios*, afirma que en la base de toda experiencia religiosa se encuentra precisamente lo «sagrado», que él considera el «lado prerracional» de la experiencia religiosa, un elemento a través del cual el hombre capta la presencia del «absolutamente Otro», que supera, como decíamos antes, todo poder humano y que se define como «atractivo y aterrador», capaz de hacer lo que quiera, pero al mismo tiempo percibido como un lugar de posible felicidad. Este «Otro», *misterium tremendum et fascinans*, lo «sagrado», lo incomprensible y «absolutamente distinto de este mundo», no es algo etéreo, impalpable, para ser comprendido debe «hacerse», debe convertirse en algo o en alguien[16]. Entonces, para los judíos, primero, y los cristianos, después, se transforma en un dios que es santo y que, para los cristianos, se revela en Jesucristo, mientras que en otras religiones adopta expresiones diferentes. Lo contrario de sagrado es «profano», lo que los romanos definían como lo que está delante del recinto del templo, lo que está fuera del templo, en el mundo. Sagrado y profano fueron, son y serán, naturalmente, eternamente opuestos.

La naturaleza de lo sagrado varía mucho entre culturas, religiones y filosofías, y a menudo, como ya hemos visto, implica una idea de pureza, divinidad o valor supremo. La experiencia religiosa humana se fundamenta en lo

---

16   P. Evdokimv, *Teología de la belleza*, 29.

sagrado, es su núcleo, por eso en la historia de las religiones podemos encontrar infinitas manifestaciones de ello como singularidad de cada una. En hebreo la palabra sagrado se traduce como *qodesh*, en griego *hagios*, en árabe *haram*, en polinesio *tapu*, por citar solo algunas. La manifestación de lo sagrado puede tener lugar a través de objetos, lugares, rituales, textos o personas, de modo que un templo, un libro o una ceremonia religiosa pueden considerarse sagrados.

El objeto sagrado, pero sobre todo el «espacio» sagrado, tiene un significado muy importante. Hay lugares donde unas simples piedras conservan el misterio de un culto religioso de muchos siglos, otros cuya arquitectura y pintura recuerdan la presencia de lo divino.

El espacio sagrado abarca una amplia gama de lugares diferentes, construcciones diseñadas con fines religiosos y lugares que se interpretan según un profundo significado religioso, como montañas, ríos, lagos; se consideran fundamentales en la vida de una comunidad, ya que representan y definen la forma en que se relaciona con la realidad divina. Lo sagrado, por tanto, puede inspirar veneración, respeto y un sentido de asombro, e incitar a la gente a buscar significados más profundos y conexiones con algo que va más allá de la experiencia cotidiana. Las manifestaciones de lo sagrado son importantes porque nos permiten comprender la espiritualidad y la religiosidad en diferentes culturas. En todo el mundo hay muchos lugares sagrados a los que la gente acude para encontrar la paz del alma o vivir más profundamente su experiencia religiosa. Las agencias de turismo señalan los diez lugares sagrados más importantes para visitar. En Estambul se encuentra la famosa Mezquita Azul. Obra maestra de la arquitectura islámica, se llama así por los cerca de veinte mil azulejos de cerámica turquesa insertados en la cúpula que, gracias a la luz procedente de unas trescientas pequeñas ventanas, crean una atmósfera y un juego de luces que hacen de la sala de oración un lugar absolutamente sugestivo. En Japón, el templo de Itsukushima, Patrimonio de la Humanidad, está construido sobre pilotes en el mar y se puede acceder a él a pie cuando la marea está baja. En España, la Sagrada Familia no es solo un lugar turístico que visitar, sino un santuario construido por el arquitecto Antonio Gaudí, una obra maestra del arte sacro. En Camboya, Angkor Wat es un conjunto de templos que forman el mayor edificio sagrado del mundo, pero también el centro religioso más importante del país. Y así, la Basílica de San Pedro de Roma es el templo sagrado por excelencia, el lugar de la catolicidad, donde la arquitectura y las bellas pinturas lo hacen inimitable.

El hombre siempre se ha asombrado de forma natural ante la manifestación de lo sagrado, pero el asombro ha perdido hoy toda relación con lo religioso. De hecho, se reduce a la simple reacción que cualquiera de nosotros puede tener ante algo insólito, o inexplicable, y en el mejor de los casos, produce un efecto superficial de «¡guau, qué bonito!» relacionado con el sentido más banal de la estética contemporánea. Sin embargo, considerando nuestras raíces helénicas, descubrimos que el hombre griego ante la belleza tenía sentimientos que se asemejaban a lo religioso, una admiración que miraba «más allá» del hombre, hacia lo inexplicable. Y si examinamos muchos otros pueblos de la Antigüedad, descubrimos que el concepto sigue siendo el mismo: asombro y admiración por lo que no puede remontarse al ser humano.

El poder de los lugares sagrados es inmenso y, sin duda, puede volver a despertar ese sano asombro —ahora adormecido— arraigado en tiempos ancestrales. De hecho, estos espacios se crean para actuar como intermediarios entre el mundo divino y el humano. Una de las características del lugar sagrado es que en cada contexto humano representa un medio de comunicación con el «Otro» total: por ejemplo, los dioses de los pueblos primitivos; pero también es un lugar donde vive y se manifiesta el poder divino: para los antiguos griegos, el monte Olimpo era la morada de los dioses, al igual que los templos católicos son el lugar consagrado a Dios con la presencia «viva» en el sagrario; por último, el lugar sagrado es un «icono» visible, una «metáfora» del mundo religioso. Fragmentos de espacio y tiempo pueden convertirse en «hierofanías», manifestaciones de lo sagrado, irrupción de lo divino en el mundo. Hoy en día, incluso una simple granja perdida en el bosque puede adquirir un carácter «sagrado» si está referida a la búsqueda de lo absoluto, de una dimensión trascendental.

Si nos referimos concretamente a lugares de culto ya «institucionalizados», y de cualquier religión, quien llega a ellos no puede desentenderse absolutamente de lo que han representado y significan para gran parte de la humanidad y, queriendo o sin querer, se deja llevar por esa aura sagrada que en ellos se difunde, porque cualquier templo, sea cristiano o no, es un lugar donde se manifiesta ese cielo al que todos, indistintamente, como seres humanos, aspiramos. Es en estos lugares donde el hombre es capaz de reencontrarse consigo mismo, y reconocerse como una partícula separada de un infinitamente Otro al que desea reunirse[17]. La propia Simone Weil decía que en todo hombre hay algo sagrado; y en todo hombre hay un fragmento de divinidad, un poco de Dios, de ese santo que nos hace «santos». La tradición religiosa cristiana, al considerar al hombre hecho a imagen y semejanza de Dios, reconoce su «sacralidad», y ve en el corazón humano el centro de la vida espiritual, el lugar «sagrado» de la presencia de un Dios que vive en la interioridad de cada uno de nosotros.

El concepto de corazón como centro de la vida espiritual no solo pertenece al cristianismo; de hecho, el «corazón» ocupa un lugar importante en la mayoría de las religiones: en el islam, por ejemplo, el término «corazón» designa las facultades intelectuales y emocionales del hombre, por lo que este piensa, comprende y actúa con el corazón, que se considera la sede del «conocimiento divino», que solo llega al hombre a través del recuerdo de Dios y de un corazón sincero y contrito; el simbolismo islámico también lo denomina «trono de Dios». Para los antiguos semitas, el corazón no solo era el órgano indispensable para la vida del cuerpo: también era el centro de la vida psicológica y moral, de la vida interior. El corazón, por tanto, es la principal vía que nos permite superar las insuperables barreras humanas de esta realidad porque, como decía Antoine de Saint-Exupéry en *El principito*, «no se puede ver bien si no es con el corazón. Lo esencial es invisible a los ojos».

Pero ¿por qué estos lugares pueden pacificar la mente y el espíritu? Por el simple hecho de que tienen la capacidad

---

17   *Ibid.*, 149.

de devolver al hombre a su realidad original: el infinito. El hombre, en efecto, tiene una gran sed de infinito y entrar en lugares donde se percibe algo que supera las barreras de este mundo activa ese mecanismo de búsqueda que es el deseo de paz, de serenidad de los sentidos y de la mente, del alma, en definitiva, de toda la persona. «La naturaleza del hombre es la relación con el infinito» y, por eso, como afirma Javier Prades López, el hombre está ligado «a la experiencia elemental, a ese complejo de necesidades y evidencias que mueven la vida y la lanzan incesantemente más allá, hacia un misterio cuyo verdadero rostro no podemos descubrir, pero que no podemos dejar de buscar». Estamos constantemente en busca de algo por lo que merezca la pena existir, vivir y luchar, algo o «alguien» diferente, en lo que reconocernos, echar raíces y construir nuestro propio nido, ese absoluto que todos necesitamos tan desesperadamente. Ernesto Sàbato escribe: «Siempre se me ha reprochado mi necesidad de absoluto, que por otra parte aparece en mis personajes. Esta necesidad recorre mi vida como un cauce, o mejor dicho, como una nostalgia de algo que nunca he alcanzado [...] Nunca he podido calmar mi nostalgia, domarla diciéndome que esa armonía existió alguna vez en mi infancia; me hubiera gustado, pero no fue así [...] La nostalgia es para mí un anhelo nunca satisfecho, el lugar al que nunca he podido llegar. Pero es lo que nos hubiera gustado ser, nuestro deseo. Es tan cierto que no podemos experimentar lo que incluso podríamos creer que reside fuera de la naturaleza, si no fuera porque todo ser humano lleva dentro esa esperanza de ser, ese sentimiento de algo que nos falta [...] La nostalgia de ese absoluto es como el fondo, invisible, incognoscible, pero con el que comparamos toda nuestra vida»[18].

Conscientes o no de este anhelo del alma, muchas personas buscan hoy con mayor frecuencia lugares aislados y «espirituales» donde permanecer para alcanzar la paz interior. Es el profundo deseo de sanar el espíritu lo que los impulsa a buscar estos lugares; muchos lo hacen porque están en una «búsqueda», otros simplemente están «heridos» por la vida, en sus afectos; otros sienten «curiosidad» por conocer algo más. Sin duda, la búsqueda también puede esconder un deseo de «escapar» de una realidad que nos resulta incómoda, pero en la mayoría de los casos se trata de personas que simplemente quieren reconducir su vida como personas y también como creyentes. Últimamente, los lugares sagrados y solitarios han sido tomados al asalto por personas que no tienen necesariamente motivaciones religiosas o de culto, pero que desean encontrar —o redescubrir— la dimensión «espiritual». Han aumentado las visitas a La Meca, a Allahabad para el Kumbh Mela, la gran peregrinación hindú, y a muchos santuarios católicos, como Nuestra Señora de Guadalupe en México y Medjugorje. Pero cada vez son más las personas que deciden hacer una peregrinación espiritual haciendo el Camino de Santiago o incluso el Camino Ignaciano. Las *apps*, aplicaciones que pueden descargarse en los teléfonos inteligentes y que dan indicaciones precisas, mapas y lugares donde detenerse, simplifican los caminos. Incluso en los monasterios, internet ayuda a los monjes a dar a conocer el lugar y atraer turistas. Los benedictinos del Monasterio de Monserrat, por ejemplo,

---

18   E. Sabato, *España en los diarios de mi vejez*, 178-179.

Peregrino del Camino de Santiago.

han abierto perfiles sociales y blogs con numerosos seguidores, y en la página web es posible hacer una visita virtual del lugar con una vista de 360 grados y la posibilidad de hacer *zoom* para ver mejor los detalles.

Los lugares más populares son casi siempre monasterios de contemplativas o contemplativos. Muchos de ellos están situados en parajes de rara belleza natural, como montañas, bosques o el campo, ideales para «desconectar» del ajetreo de la ciudad. Su encanto inherente los convierte en lugares atractivos para quienes buscan paz interior y tranquilidad, o incluso desean reanudar una vida de oración. Estos lugares están impregnados de una profunda espiritualidad y ofrecen un estilo de vida sencillo centrado en la oración, la meditación y la búsqueda del alma. Son entornos donde las personas pueden reflexionar libremente sobre las grandes cuestiones de la

Una monja leyendo en el claustro del monasterio cisterciense de Tulebras (Navarra). Foto: monasteriodetulebras.com.

vida, enfrentarse a sus propias necesidades espirituales y buscar respuestas a las preguntas más profundas que llevan tiempo esperando una respuesta. En un mundo cada vez más frenético y materialista, donde la gente se siente perdida y busca algo más grande que sí misma, los monasterios contemplativos se convierten en un oasis de refresco y regeneración.

En España hay al menos cinco importantes monasterios que ofrecen la posibilidad de hacer «turismo espiritual». Cada uno de ellos tiene unas normas que hay que respetar para disfrutar de la hospitalidad. El primero es el monasterio cisterciense de Poblet (Tarragona), situado prácticamente a medio camino entre Tarragona y Lleida, justo al pie de la sierra del Montsant y a cien kilómetros de Barcelona, declarado Patrimonio de la Humanidad por la Unesco. En la iglesia del conjunto monástico se encuentran las tumbas de ocho soberanos de la corona de Aragón y seis reinas consortes. Es un lugar precioso en el que la primera norma que hay que respetar es el

Una monje barriendo en el monasterio de Santo Domingo de Silos.
Foto: abadiadesilos.es.

silencio; por tanto, hay que dejar los móviles en casa; se come como los monjes y para las salidas hay que respetar el horario del conserje. Desde luego, no falta espacio para la meditación o la oración, que se verá favorecida por el canto gregoriano de los monjes.

Otro monasterio cisterciense, pero femenino, es el de Santa María de la Caridad (Navarra). Este monasterio, situado en la localidad de Tulebras y fundado en el siglo xii, fue escenario de acontecimientos históricos y políticos que llevaron a su destrucción en el siglo xiv y a su posterior reconstrucción en el siglo xv. Entre sus antiguos muros se puede vivir durante unos días una auténtica experiencia ascética, compartiendo la vida con las monjas y aprovechando los caminos y senderos que bordean el río Queiles, sumergiéndose en la naturaleza. El hermoso claustro ofrece también un espacio de meditación único.

El monasterio de Santo Domingo de Silos (Burgos) es una abadía benedictina perteneciente a la archidiócesis de Burgos. Su claustro pertenece a las grandes obras

La stupa del centro de retiros O Sel Ling en la Alpujarra de Granada. Foto: oseling.com.

maestras del arte románico en España y está incluido en el itinerario cultural del Consejo de Europa Transrománica. También aquí se puede vivir una hermosa experiencia en soledad compartiendo la vida de los monjes acompañados de solemnes cantos gregorianos.

El monasterio de Santa María de la Huerta (Soria) fue construido en 1157 por Alfonso VII. Bajo la protección de Rodrigo Ximénez de Rada, cuyo sepulcro se encuentra en el edificio, pronto se convirtió en monasterio. La estructura del edificio sigue las influencias arquitectónicas monacales de los benedictinos, observadas por la orden del Císter, que ocupa el claustro adosado a la iglesia y, a su alrededor, las distintas dependencias monacales que, además, albergan huertas, almacenes, bodegas y campos de trabajo. Lugar de gran espiritualidad, ofrece la posibilidad de pasar unos días en tranquilidad siguiendo el ritmo de la vida monástica.

Por último, el monasterio de Santa María del Olivar, sede de la orden religiosa de los Mercedarios. Construido en el siglo XVI, es uno de los monumentos más importantes de la zona. Aquí también existe la posibilidad de pasar unos días de tranquilidad durante los cuales también se pueden realizar paseos por los diversos senderos cercanos.

Los monasterios católicos, sin embargo, no son los únicos que se buscan: de hecho, los centros de meditación zen o budista están absolutamente solicitados. En el sur de España encontramos, por ejemplo, el Centro Budista O Sel Ling enclavado en La Alpujarra de Granada y fundado en 1980 por los lamas tibetanos Yeshé y Rimpoché. Está situado a unos mil seiscientos metros de altitud y rodeado de kilómetros de pista forestal, prácticamente en el límite con el Parque Nacional de Sierra Nevada. Unas cabañas de piedra de pizarra muy sencillas, con lo imprescindible, una cama y una silla, pensadas para quienes deseen «desconectar» durante semanas o incluso meses.

En la zona de Madrid, concretamente en Miraflores de la Sierra, se ofrecen cursos de «Silencio e introspección sanadora que nos ayuda a recomponer nuestra realidad»: dejar toda conexión con el mundo exterior para sumergirse en el propio universo interior. Y son muchas las agencias turísticas que ofrecen viajes «alternativos», para descubrirse a uno mismo y a su interior, principalmente entrando en contacto con lugares significativos y sagrados, incluso de civilizaciones antiguas. Lo que se ofrece a los turistas del espíritu son experiencias espirituales basadas en el bienestar psicofísico, con retiros en silencio, cursos de *mindfulness*, yoga, taichí y meditación profunda: en definitiva, todo lo necesario para restablecer la paz y la armonía con uno mismo y con el mundo que nos rodea.

8

Las prácticas espirituales como herramientas de reequilibrio y renacimiento

Hoy en día, la búsqueda de la espiritualidad está resurgiendo, incluso entre los jóvenes, como una búsqueda de sabiduría y sentido. Es un hecho social absolutamente nuevo, que de alguna manera también reconfigura el fenómeno religioso o, mejor dicho, la experiencia religiosa de las personas. Mientras el mundo gira vertiginosamente en torno a la satisfacción de los propios deseos y la búsqueda constante de placer, hay una sensación de «vacío» que se apodera cada vez más de la gente, empujándola a buscar en otra parte respuestas de sentido que el «materialismo consumista» no consigue proporcionar. Se autodenominan los nuevos «nómadas espirituales», es decir, individuos que buscan desesperadamente una fuente de la que beber para saciar el vacío de la existencia moderna. Pero también es cada vez más evidente que esa búsqueda va más allá de las indicaciones y las posibles soluciones que ofrecen las grandes religiones monoteístas, en las que las enseñanzas doctrinales, las normas y los valores se consideran, posiblemente, reductores en términos de libertad y pensamiento humanos. Muchos recurren entonces a religiones alternativas, consideradas más adecuadas para dar respuesta a las angustias personales y a la búsqueda de un misticismo encarnado. El objetivo, sin embargo, es el mismo: encontrar el equilibrio interior, la paz y un renacimiento humano y espiritual.

Mens sana in corpore sano, decían los antiguos filósofos. Y es cierto. La salud es fundamental en la vida de las personas; no estar bien significa no poder trabajar o trabajar mal, tener dificultades en las relaciones, sentirse fragmentado y desarmonizado, incapaz de estar en paz consigo mismo. La salud del cuerpo y del espíritu, así como de la psique, es, por tanto, la salvación de la persona. Así pues, esta nueva «espiritualidad de la investigación» impulsa a muchas personas a recurrir a técnicas o prácticas especiales capaces de restablecer la armonía con su cuerpo y su mente, a fin de alcanzar el bienestar necesario para afrontar los retos de este mundo inquieto.

Las prácticas espirituales tienen una larga historia de uso en el restablecimiento del bienestar y el reequilibrio de la persona, y abarcan una amplia gama de actividades y creencias que implican encontrar el valor, conectar con lo trascendente y profundizar en la conciencia interior. A través de la meditación, la oración, la reflexión, el movimiento corporal, la conexión con la naturaleza y otras actividades, las personas se esfuerzan por recuperar una sensación de paz y armonía.

La oración, en particular, ayuda a entrar en una dimensión trascendente en la que todo ser humano se encuentra con lo divino en una conversación personal e íntima en la que encuentra su verdadero yo. Gerhard Ebeling afirma que «la oración es un estado de hecho original de la humanidad», de hecho, «orar cualifica al hombre no solo porque orar es una característica única y propia del hombre, sino también porque la oración se manifiesta como el auténtico lugar del devenir del hombre[19]. Se puede decir que la oración es un acto fundamental de la humanidad del hombre hasta el punto de revelar el hombre a sí mismo»[20].

Por tanto, *orar es un hecho antropológico*, aunque la modernidad quiera borrar sus huellas en la historia actual de la humanidad. De hecho, Benedicto XVI dijo: «El hombre lleva en sí una sed de infinito, un anhelo de eternidad, una búsqueda de belleza, un deseo de amor, una necesidad de luz y de verdad, que lo impulsan hacia el Absoluto; el hombre lleva en sí un deseo de Dios. Y el hombre sabe, de alguna manera, que puede dirigirse a Dios, sabe que puede rezarle». La oración es, sin duda, la expresión de ese diálogo eterno entre el hombre y Dios, entre la criatura humana ligada al espacio y al tiempo y lo eterno, ya sea el Dios de los cristianos, Buda, Alá u otros. El ser humano siempre ha rezado, y en todas las religiones la oración ha sido siempre un elemento esencial, tanto para tener protección de la deidad como para adorarla. Es la forma más básica de experiencia religiosa. El papa Francisco afirmó que «la oración es de todos: de las personas de todas las religiones, y probablemente también de las que no profesan ninguna», de hecho, «la oración nace en el secreto de nosotros mismos, en ese lugar interior que los autores espirituales suelen llamar el "corazón"», es decir, es la parte más escondida, más íntima de nosotros

---

19   G. Ebeling, «La oración», en *Oración y filosofía*, 25.
20   I. Zizic, *Homo orans*, 308.

mismos, con nuestro misterio de personas humanas, la que reza; no es solo una cuestión de emociones, sino de inteligencia, de voluntad, algo que también implica a nuestro cuerpo[21]. Teresa de Ávila definía así la oración: «La oración, a mi parecer, no es otra cosa que una íntima relación de amistad, en la que uno se queda a menudo a solas con aquel Dios por quien se sabe amado» (Vida 8,5). Teresa de Lisieux decía: «Para mí, la oración es un arrebato del corazón, es una simple mirada al cielo, es un grito de gratitud y de amor en la prueba como en la alegría». Otro gran santo, Ignacio de Loyola, consideraba la oración como un momento de gran familiaridad con Dios.

Las prácticas espirituales pueden influir positivamente en el bienestar físico a través de diversos mecanismos. Por ejemplo, la meditación y la oración se han asociado a una reducción de los síntomas relacionados con el estrés, la ansiedad y la depresión. Estar en meditación activa la función parasimpática, disminuye la frecuencia cardiaca y la presión arterial, y reduce los niveles de cortisol, la hormona del estrés, en la sangre. El primero en hablar de ello fue un cardiólogo estadounidense Herbert Benson, en torno a los años sesenta, que planteó la hipótesis de que la oración podía producir la misma acción bioquímica de relajación y, por tanto, disminuir la presión arterial, la frecuencia cardiaca y la tensión muscular. A partir de 1992, se iniciaron experimentos en los que se sometía a sujetos de distintas religiones a una resonancia magnética: en el momento en que se sentían conectados con su

21   Papa Francisco, audiencia general del 13 de mayo de 2020, https://www.vatican.va/content/francesco/it/audiences/2020/documents/papa-francesco_20200513_udienza-generale.html

sentido de lo divino, tenían que tirar de una cuerda que ponía en marcha el examen; se comprobó que las zonas del cerebro afectadas eran siempre las mismas. En pocas palabras, durante una experiencia espiritual, el cerebro «desconecta» los estímulos sensoriales que extraen información del entorno externo, lo que permite concentrarse en el propio interior.

Así, se pueden obtener beneficios directos sobre los sistemas cardiovascular e inmunitario, y mejorar la salud general del organismo. Muchas de las prácticas espirituales también incluyen ejercicio. Diversos tipos de movimiento pueden mejorar la flexibilidad, la fuerza muscular y el equilibrio, así como promover una mayor conciencia del cuerpo y la respiración. La actividad corporal también puede promover la liberación de endorfinas, neurotransmisores que favorecen la sensación de bienestar y reducen el dolor. Y no solo eso, las prácticas espirituales también pueden tener un impacto significativo en la salud mental. La meditación, por ejemplo, se ha relacionado con una mayor resistencia al estrés, una mejor capacidad de concentración y una mayor conciencia de las propias emociones y pensamientos, lo que ayuda a las personas a afrontar mejor los retos de la vida cotidiana. Además, muchas actividades espirituales fomentan la práctica de la gratitud, la compasión y la bondad amorosa, que se han asociado con una mayor sensación de bienestar emocional y relaciones más satisfactorias. Muy practicado es el *mindfulness*, es decir, «la atención plena que consiste en prestar atención a las cosas de una manera determinada: intencionadamente, en el momento presente, sin juzgar». La conciencia de uno mismo puede lograrse mediante técnicas de meditación, sobre todo budistas, y conduce a un estado de bienestar porque poco a poco hay que llegar a controlar las emociones y pensamientos negativos que pueden causar sufrimiento. Esta práctica no debe considerarse una experiencia religiosa, ni algo que lleve al trance, ni una forma de escapar de la realidad, sino una manera de aprender a ver la realidad tal y como es, observando los pensamientos negativos con desapego y considerándolos un producto de la propia mente. El *mindfulness* es una herramienta útil para gestionar el estrés y también las situaciones delicadas que surgen tras grandes traumas. Un profesor estadounidense de la Facultad de Medicina de la Universidad de Massachusetts, Jon Kabat-Zinn, basándose en sus propias experiencias, aplicó el método científico a los principios básicos del budismo y convirtió el *mindfulness* en un programa de ocho semanas conocido como «Reducción del estrés basada en la atención plena» o MBSR, que se aplica en muchas situaciones clínicas y se utiliza actualmente en muchos programas clínicos, como el tratamiento de la depresión (terapia cognitiva basada en *mindfulness*), la prevención de recaídas en adicciones (prevención de recaídas basada en *mindfulness*), la ayuda a personas con trastornos alimentarios (conciencia alimentaria basada en *mindfulness*) y mucho más. Algo muy importante que hay que saber es que esta práctica requiere aplicación y esfuerzo y también mucha dedicación durante varias horas a la semana, pero lo cierto es que «el *mindfulness* puede ofrecer una sensación de calma en situaciones difíciles. También puede enseñarnos a sentir cuándo llega el momento en que necesitamos descansar. Sintonizar nuestro cuerpo y nuestra mente nos ayuda a captar mejor las señales»[22].

---

22   C. Hammond, *El arte del descanso*, 24. Arcopress, 2024

A raíz de esta nueva necesidad «psicofísica y espiritual», nos encontramos ante un nuevo fenómeno: la «red terapéutica». Pero ¿qué es esta «red terapéutica»? Red significa literalmente «trabajar en red». El concepto de «red terapéutica» como herramienta para el bienestar espiritual es una perspectiva que integra la dimensión espiritual en la práctica terapéutica para promover la salud mental holística y el bienestar general. Este enfoque considera la espiritualidad como un aspecto intrínseco del ser humano, que puede proporcionar significado, propósito y conexión con algo más grande que uno mismo. Reconocer el importante papel de la espiritualidad puede influir significativamente en el proceso de curación y en el mantenimiento del bienestar psicológico de las personas. Y es por ello por lo que muchas personas confían en esta nueva tendencia de bienestar con almas infinitas. En la red terapéutica se incluyen diferentes actividades, en particular prácticas místicas y diversos ejercicios corporales

El Dr Madan Kataria, creador del «laughter yoga» o «yoga de la risa». Foto: laughteryoga.org.

orientales, pero también métodos de autoconocimiento e investigación profunda, verdaderas escuelas con metodologías específicas para la búsqueda del bienestar espiritual. Abarcan desde técnicas de masaje destinadas a relajar el cuerpo, hasta el taichí, pasando por el redescubrimiento de danzas «sagradas» a través de las cuales la persona puede alcanzar la autoconciencia y la conciencia de su fisicidad, de los movimientos que la definen y la abren o cierran al mundo, identificando nuevos caminos interiores. Entre los elementos que asocian las diversas formas de meditación, podemos identificar, por ejemplo, las técnicas orientales de respiración. Muy difundido es *el Rebirthing Tántrico,* un tipo de respiración sin pausas, relajante y energizante, que ayuda a tener autoconciencia, un método de relajación considerado una verdadera forma de autoterapia contra el estrés, la depresión, la ansiedad y, sobre todo, contra los problemas de naturaleza psicosomática, ya que permite una rehabilitación de la personalidad. También cabe destacar la recitación repetitiva de fórmulas sagradas y la concentración en puntos concretos del cuerpo para descubrir los centros energéticos capaces de restablecer la fuerza vital de la persona. La respiración yóguica, practicada en el yoga, disciplina de origen oriental, también es capaz de producir bienestar y beneficios para la salud del cuerpo, la mente y el espíritu, mediante la realización de ejercicios físicos, de meditación y de respiración. También se puede practicar el «yoga de la risa». El iniciador fue el Dr. Madan Kataria en 1995 en Mombay; consiste en inducir la risa liberadora, facilitada por algunos ejercicios especiales de movimiento y respiración. Los partidarios de esta práctica creen que la risa fingida puede aportar los mismos beneficios que la espontánea, porque el cuerpo no distingue entre una y otra, beneficios que afectan a dolencias físicas, psicológicas y espirituales.

Otra actividad de reciente creación es el método Rolfing de Integración Estructural o Rolfing SI, una práctica de «educación corporal» a través de la cual nos deshacemos de posturas incorrectas, patrones corporales que causan dolor y tensión física, afectando a nuestra calidad de vida y, por tanto, también a nuestro estado de ánimo. Se realizan una serie de manipulaciones y toques específicos, a través de los cuales el cuerpo se realinea en el espacio, para reequilibrar la postura.

9

La relación entre los lugares tranquilos y el bienestar mental: lejos del estrés

La vida moderna de plazos ajustados, estímulos constantes y múltiples responsabilidades ha convertido el estrés en un compañero constante para muchas personas. Sin embargo, hay una antigua verdad que sugiere que buscar lugares tranquilos puede ser un poderoso antídoto contra el estrés y un medio eficaz de promover el bienestar de toda la persona.

Para comprender plenamente el efecto de los lugares tranquilos en la salud psicofísica, es importante definir qué se entiende por «lugares tranquilos». Estos pueden adoptar distintas formas en función de las preferencias individuales y también del contexto cultural. Estos pequeños «areópagos» de serenidad pueden ser muchos: espacios naturales (bosques, montañas, lagos, playas solitarias), parques tranquilos —y en una misma ciudad puede haber muchos—, jardines botánicos, iglesias y otros lugares sagrados y silenciosos. Pero también es cierto que cada uno de nosotros, a su pequeña manera, puede construirse un lugar donde pasar un rato en sana soledad a cualquier hora

del día: cualquier espacio puede ser vivido con participación, amor, interés propio, o simplemente ser utilizado solo
por lo que concretamente nos ofrece, e incluso un pequeño
rincón de nuestra casa puede transformarse en un «oasis»
vital, lo importante es que podamos percibir una cierta sensación de calma y serenidad para hacer la necesaria pausa
del ruido y las miles de cosas que llenan nuestra vida cotidiana, preservándonos del *burnout*, el síndrome vinculado
al estrés laboral, que lleva al sujeto al agotamiento de sus
recursos psicofísicos, a la manifestación de síntomas psicológicos negativos (apatía, nerviosismo, inquietud, desmora-
lización) que a menudo van asociados a problemas físicos.
Se habla de este síndrome cuando la persona ya no puede
hacer frente de forma constructiva a las diversas dificultades que surgen cada día en el trabajo.

Claudia Hammond, psicóloga, escribió en uno de sus
libros: «Sócrates nos advirtió de que tuviéramos cuidado
con la sequedad de una vida agitada. Si estamos siempre

ocupados, la vida pierde su ritmo. Ya no comprendemos la diferencia entre hacer y no hacer. Necesitamos descansar más. Y mejor. Por nuestro propio bien, por supuesto, pero también por el bien de nuestra vida, en un sentido más amplio. El descanso no solo beneficia al bienestar, sino también a la productividad»[23]. El descanso también mejora nuestra capacidad para tomar decisiones.El primer y más importante beneficio de los lugares tranquilos es precisamente su capacidad para reducir el estrés. La naturaleza, en particular, tiene enormes efectos positivos sobre el bienestar psicológico; varios estudios clínicos han señalado que el contacto con el entorno natural se asocia a una disminución de los niveles de cortisol, la hormona del estrés, y a una mejora del estado de ánimo general. Caminar, por ejemplo, es una de las actividades que más ayudan a superar el estrés emocional y la depresión. Bastan

23   C. Hammond, *El arte del descanso*, 8. Arcopress, 2024

entre diez y veinte minutos para que se produzcan endorfinas en el cerebro, moléculas próximas a los opiáceos, los elementos del buen humor. Caminar es una auténtica panacea y merece la pena mentalizarse al respecto: «La verdadera clave de la esencia reparadora de caminar es que disuelve dos de los mayores obstáculos a los que nos enfrentamos cuando intentamos no hacer nada. El primero es sentirse culpable. El otro obstáculo al descanso que el buen caminar es capaz de eliminar es el miedo al aburrimiento»[24]. En muchos lugares del mundo existen parajes absolutamente idóneos para una «inmersión total» en la naturaleza con el fin de restablecerse, encontrar la calma y relajarse, aliviando todo el nerviosismo que nos atenaza. En Japón, pasear por la naturaleza se considera altamente terapéutico y se denomina *shinrin-yoku* o baño de bosque. Es una práctica muy recomendada, hasta el punto de que el Gobierno japonés la ha convertido en una actividad sanitaria y social: se anima encarecidamente a los ciudadanos a relajarse en el verde para hacer de este ejercicio una práctica semanal de bienestar físico y mental; no es necesario hacerlo todos los días, pero sí es imprescindible disponer de unas horas de tranquilidad absoluta, sin ruidos, distracciones ni teléfonos.

Otro beneficio es la mejora de la concentración y la productividad. Lejos de las distracciones y el bullicio urbano, a la gente le resulta más fácil concentrarse en tareas específicas o simplemente disfrutar de actividades como la meditación, el yoga u otras.

Cuanto más tranquilo estés, más productivo serás. De hecho, muchos estudios han demostrado que el entorno

---

24   *Ibid.*, 82-83.

tranquilo puede estimular la creatividad. En entornos menos concurridos, podemos centrarnos en nuestras ideas y reflexionar sobre ellas, potenciarlas y reubicarlas en nuestro intelecto. La mente humana, de hecho, tiene más espacio para divagar y establecer conexiones en un entorno libre de estímulos excesivos, y esto ocurre porque estamos más relajados y somos más capaces de aprovechar nuestro potencial creativo. Al fin y al cabo, los grandes pensadores y artistas se han inspirado a menudo en la naturaleza o en lugares aislados para sus obras más significativas, y no es raro que muchos escritores prefieran alejarse del caos precisamente para estar más inspirados. En definitiva, esta inmersión en la tranquilidad favorece la conexión con uno mismo, con los sentimientos y emociones más profundos, y nos ayuda a considerar la realidad circundante con otros ojos. La paz interior también mejora la autoestima, la autopercepción física y el autodominio, lo que desencadena el «efecto mariposa», es decir, no solo una mejora en nuestra vida personal, sino también en la de los que nos rodean, en la familia, en el trabajo. De hecho, cuando nos encontramos en un estado de serenidad, aumenta nuestra capacidad de bondad, empatía y compasión hacia los demás.

Todo esto ocurre a través de mecanismos de acción muy específicos. El primero es el descanso mental. La necesidad de descanso mental es algo necesario en la vida cotidiana desde que el mundo es mundo, pero es prioritaria en una época tan sobrecargada de estímulos como la nuestra; puede manifestarse en cualquier momento con una sintomatología que puede parecer trivial, pero no lo es: dificultad para recordar conceptos sencillos, perder el hilo del discurso, olvidar las cosas que hay que comprar en el supermercado, y luego dificultad para concentrarse y fijar la atención en lo que dicen los demás. La quietud de los lugares tranquilos permite que la mente descanse y se regenere, reduciendo la fatiga mental y restaurando los recursos cognitivos.

También es cierto que hoy en día pasamos gran parte de nuestro tiempo con personas, en la familia y fuera de ella, que continuamente tienen expectativas puestas en nosotros, un dinamismo que a la larga puede ser perjudicial, crea fatiga, porque hay una sensación perpetua de ser como una fuente de la que todos beben, pero a la que nosotros mismos no tenemos acceso: en resumen, hay una evidente falta de tiempo para nosotros mismos y esto da lugar a una sensación de insatisfacción e inadecuación que puede ponernos muy nerviosos. Estar en un lugar libre de estímulos externos y perturbaciones sensoriales hace que nuestro cerebro entre en un estado de calma y relajación, con lo que se reduce la respuesta de estrés.

Imagen de The Happiness Retreat en la isla de Donousa, en las Cícladas, Grecia (Foto: thehappinessretreat.gr).

Los lugares tranquilos también producen una estimulación sensorial positiva. De hecho, los elementos visuales, auditivos y táctiles presentes en tales lugares pueden tener efectos positivos sobre el sistema nervioso, inducir una respuesta relajante y fomentar el bienestar emocional y físico. Si esto se combina con la práctica de actividades beneficiosas para nuestro cuerpo y espíritu, los efectos positivos a largo plazo sobre la salud del individuo están ampliamente asegurados.

Hay lugares donde la tranquilidad ayuda a ser feliz y se llaman «retiros de la felicidad». Apostolia Papadamaki, coreógrafa y fundadora del Método Anamnesis, el Método de Anatomía Biomática y The Happiness Retreat —una empresa de bienestar—, creó y desarrolló en 2010 una técnica de bienestar holístico que ofrece talleres, formación y retiros para particulares, grupos, empresas y organizaciones, llamada The Happiness Retreat. La actividad

Una actividad en el museo de la felicidad de Copenhague.
(Foto: facebook.com/Museumofhappiness).

tiene lugar en los lugares más pintorescos de Grecia y es una invitación a transformar la propia vida para mejor, unificando mente, cuerpo y alma, a través de la combinación de las antiguas tradiciones curativas de Grecia con las prácticas de yoga, danza, cantos, círculos y rituales en la bendita tierra sagrada de los dioses.

En Copenhague está el Museo de la Felicidad no solo porque a Dinamarca se la llama el país más feliz del mundo, sino porque el museo recoge lugares, historias de personas, acontecimientos que tienen que ver con la felicidad. Y muchos otros lugares del mundo que pueden ayudarnos a encontrar la serenidad y ser felices.

Para integrar eficazmente los lugares tranquilos en la vida cotidiana y obtener los máximos beneficios, es importante adoptar algunas estrategias prácticas:

— Planificar tiempo para el descanso y la relajación: Reservar regularmente tiempo para pasarlo en lugares tranquilos, ya sea al aire libre o en interiores, puede convertirse en una parte esencial de la rutina diaria.

— Aprovechar los descansos: Puede ser vital durante la jornada laboral aprovechar los descansos para dar un paseo o encontrar un momento de tranquilidad en un lugar tranquilo, esto ayuda a recargar energía y mejorar la productividad.

— Crear espacios tranquilos: Incluso dentro del propio hogar o entorno de trabajo, es posible crear espacios tranquilos y acogedores que favorezcan la relajación y el descanso mental, utilizando plantas, iluminación tenue y elementos naturales.

— Cultivar la consciencia: Ser consciente de las propias necesidades emocionales y fuentes de estrés es esencial para identificar cuándo es necesario retirarse a un lugar tranquilo para regenerarse y recargar energía.

Estos consejos son fundamentales para ayudarnos a recordar que nuestro cuerpo es una máquina compleja, estructurada según ritmos insustituibles necesarios para su buen funcionamiento, y cuanto más los respetemos, más beneficio psicofísico tendremos asegurado. Tampoco debemos olvidar el vínculo intrínseco del hombre con el entorno natural, que sí le proporciona el alimento material, pero sobre todo el espacio de tranquilidad necesario para la regeneración integral de la persona.

Monasterio de Santa María de El Paular en Rascafría, en la vertiente madrileña de la sierra de Guadarrama, en el valle del Lozoya,

10

El valor de los lugares solitarios y sagrados en el mundo moderno: perspectivas de futuro

Ya hemos considerado cómo, en una época como la nuestra, los lugares solitarios y sagrados adquieren un significado especial, debido al gran apoyo físico y emocional que proporcionan a la persona. No son, por tanto, meros «lugares», «espacios» o «edificios» a los que la gente acude porque tiene tiempo libre para dedicarse a algo, o para encontrarse con alguien o quizás para descansar. No. Tienen un valor absolutamente existencial, ya que representan un auténtico salvavidas para muchas personas que luchan por encontrar su justa dimensión en este mundo excesivamente tecnológico e impersonal, oasis en los que se pueden sondear las profundidades del espíritu y del alma, y alcanzar una paz interior y física imposible de encontrar en una época dominada por la velocidad y la distracción. Y a medida que este mundo en el que vivimos se envuelve irrevocablemente en la siempre nueva y excitante tecnología, que promete lo imposible, incluso la vida en otro planeta, uno debe preguntarse: ¿cuál será el futuro de esos lugares y su valor en un contexto siempre cambiante?

Como decíamos, a medida que el mundo avanza cada vez más rápida e inexorablemente hacia un futuro de gran urbanización, en el que incluso los desiertos se transforman para ofrecer a la gente nuevas posibilidades de vida, estos lugares de espiritualidad corren el riesgo de verse amenazados por la pérdida de espacios abiertos, la contaminación ambiental y el creciente utilitarismo. Cada vez se sacrifican más espacios naturales para crear zonas urbanas o industriales, lo que nos obliga a vivir demasiado cerca unos de otros, en bloques de apartamentos ruidosos, abarrotados y con muy poca vegetación. No es fácil encontrar lugares hechos a «escala humana», es decir, donde la gente pueda vivir la vida serenamente; por eso los espacios sagrados, los lugares de espiritualidad, representan esa alternativa saludable en la que refugiarse, de vez en cuando, para recuperar el aliento, la vida.

Habría muchas oportunidades de preservar y mejorar estos lugares de formas innovadoras. Una perspectiva de futuro podría incluir esfuerzos legislativos y económicos para proteger y conservar las zonas naturales e históricas que albergan lugares solitarios y sagrados. Por ejemplo, podrían crearse parques nacionales —donde no los hay—, reservas naturales y sitios del patrimonio mundial. Además, podrían aplicarse políticas de gestión sostenible para garantizar que esos lugares sigan siendo accesibles y estén protegidos para las generaciones futuras.

Paralelamente, las nuevas tecnologías y aplicaciones digitales podrían utilizarse para permitir a la gente conectar con los lugares solitarios y sagrados de formas innovadoras, es decir, para crear experiencias virtuales que permitan explorar dichos lugares a distancia o participar en prácticas espirituales guiadas en línea, como ya ocurre con las visitas virtuales a museos o yacimientos arqueológicos. Esto podría aumentar la accesibilidad y el interés por esos lugares, incluso para quienes no pueden visitarlos físicamente. Además, podría aumentar el interés por las tradiciones espirituales y culturales subyacentes a esos lugares. Por supuesto, habría que hacer esfuerzos visibles para preservar las prácticas rituales y las creencias asociadas a ellos, así como para promover el conocimiento y el respeto de las culturas indígenas que los custodian. Esto es básicamente lo que ya se hace con las tradiciones culturales y religiosas cristianas: los ritos de Semana Santa y Pascua, las celebraciones de los santos patronos, etc.

Los lugares solitarios y sagrados siguen desempeñando un papel importante en el mundo moderno, pues ofrecen un remanso de paz y reflexión en un entorno dominado por el bullicio y la distracción. A medida que el mundo sigue evolucionando, es crucial preservar y mejorar esos lugares para las generaciones futuras. Esto exigirá un esfuerzo colectivo para proteger las zonas naturales e históricas que los albergan, así como para desarrollar nuevas formas de acceder a ellos y conectarlos mediante la tecnología y valorando las tradiciones culturales y espirituales. Solo así podremos garantizar que los lugares solitarios y sagrados sigan inspirando y alimentando el alma humana a lo largo del tiempo.

Paisaje con peregrino *(detalle, c. 1813), copia de un cuadro de Karl Friedrich Schinkel.*

11
Conclusión

Como se ha descrito ampliamente en las páginas precedentes, el hombre está en camino hacia una profunda deriva existencial, un punto de no retorno en el que desaparece todo lo que el mundo actual no acepta: la dimensión del espíritu. Sin embargo, somos cuerpo y alma, espíritus encarnados que anhelan la verdadera vida, llenarse «por dentro» y no por fuera. Pero cada vez nos cuesta más cultivar nuestra interioridad porque siempre tenemos prisa y mil cosas que hacer. Nuestra salud psico-físico-espiritual nos pide que bajemos el ritmo, que pensemos en nosotros mismos, y cuando no nos escuchamos, recibimos señales muy claras: cansancio, nerviosismo, falta de concentración, agitación, estrés... ¿Por qué esperar a estar enfermos para desconectar? ¿Por qué no planificar, en cambio, momentos de descanso espiritual para recargarnos y vivir nuestra vida con más conciencia y tranquilidad? El turismo espiritual es un fenómeno creciente que combina la búsqueda de experiencias de viaje con un camino de desarrollo personal y espiritual. Es una industria que

crece en popularidad debido al creciente deseo de las personas de encontrar la paz interior y escapar del estrés de la vida cotidiana, y ofrece una diversificación de destinos que ya no se limita a los lugares tradicionalmente espirituales, sino que también incluye retiros de meditación y destinos naturales que ofrecen oportunidades para el retiro y la reflexión. Todos los que ya han experimentado esta modalidad de turismo han informado de numerosos beneficios, entre ellos una mayor serenidad y la capacidad de hacer frente a las exigencias de la conciliación de la vida laboral y familiar con más tranquilidad. Algunos críticos expresan su preocupación por el riesgo de comercialización y banalización de las experiencias espirituales; se trata de un factor absolutamente real, teniendo en cuenta también cómo diversos lugares de peregrinación tienen que hacer frente a menudo a situaciones de comercio inapropiado, que distrae de la auténtica motivación para acudir allí. Es esencial, por tanto, que el turismo espiritual mantenga un enfoque auténtico y respetuoso con las tradiciones y culturas locales, evitando problemas de masificación y degradación medioambiental. En resumen: el turismo espiritual ofrece una importante vía de crecimiento personal y cultural, pero requiere una gestión cuidadosa y respetuosa para garantizar que sus beneficios sean sostenibles y auténticos.